0 fr. 50

LES

Prénoms

Masculins

1914

—

Editeur

3, RUE DE ROCROY, 3

PARIS

Les
PRÉNOMS
Masculins

PRÉNOMS MASCULINS

1. — Abel

Peu d'hommes s'appellent Abel. De précieuses qualités sont pourtant attachées à ce prénom, qui confère un esprit fin, une intelligence vive, mûre, analytique, le goût pour les lettres, les arts, l'amour des belles choses, du raffinement et du luxe.

Les Abel sont minutieux, mordants, caustiques. Ils ont de la distinction mais aussi de la vanité.

Ils recherchent l'admiration des femmes et leurs conquêtes amoureuses font plus d'un jaloux. Ils sont plutôt voluptueux que sensuels.

Ils doivent craindre la jalousie d'autrui, qui peut nuire à leur destinée.

TALISMANS : bleu, saphir, pervenche.

DEVISE : Par le bien et par le beau !

HOMMES CONNUS AINSI PRÉNOMMÉS : Abel Faivre, Abel Hermant, Abel Truchet.

2. — Achille

Le fameux héros grec, immortalisé par Homère, qui portait ce nom, était courageux jusqu'à la témérité ; aucun péril ne pouvait l'arrêter.

On retrouve cette qualité chez presque tous les Achille, mais comme ce sont de simples hommes et non des héros, ils sont emportés et violents, toujours prêts à la discussion, à la contradiction.

Ce sont des gens pratiques, fixes dans leurs idées.

Ils ont l'intuition du commerce et des affaires financières.

Esprits positifs et matérialistes, ils sont très sensuels, enclins aux plaisirs de la table et aux ivresses de l'amour.

TALISMANS : améthyste, violet, pensée.

DEVISE : Je vaincrai !

PERSONNAGE CONNU AINSI PRÉNOMMÉ : Achille de Harlay.

3. — Adolphe

Prénom quelque peu démodé, à tort, car les Adolphe sont des hommes charitables, sur qui l'on peut compter.

Ils ont une parole et sont fidèles à leurs idées, à leurs sentiments.

Ils sont spirituels, mais sans blague légère ; ils sont aussi aimables que serviables.

On peut, en outre, leur confier des secrets, ils savent les garder, ce qui est appréciable.

Ce sont des amis sûrs. On n'a pas à craindre de leur part ni indiscrétion, ni trahison.

Ils sont curieux, mais sainement, curieux de choses intellectuelles ou de connaissances utiles, dont ils savent faire leur profit ; ils aiment la gloire, les situations honorifiques.

Ce sont des amoureux tendres, délicats et voluptueux.

TALISMANS : opale, vert, zinnia.

DEVISE : Pour la gloire !

HOMMES CONNUS AINSI PRÉNOMMÉS : Adolphe Aderer, Adolphe Brisson, Adolphe Crémieux, Adolphe d'Ennery, Adolphe Thiers.

---

4. — Adrien

Ce prénom masculin, doux à l'oreille, comporte une nature sage, mesurée, pondérée, capable d'administrer et de diriger une affaire en la faisant fructifier.

Les hommes qui s'appellent ainsi ont du goût pour

les voyages ; ils aiment le confortable, le luxe, les choses imposantes.

Ils sont vaillants et humains.

Ils veulent savoir, apprendre ; ils se perfectionnent et s'élèvent par leurs propres moyens. Ils en conçoivent une présomption qui peut être désagréable à leur entourage.

Ils aiment le jeu, aussi leur arrive-t-il de perdre leurs gains ou leurs biens, et de faire des dettes.

Ils sont plus ou moins superstitieux ; mais surtout passionnés ; ils aiment les femmes exotiques ou étranges ; leurs passions peuvent devenir des vices.

TALISMANS : grenat, rouge, dahlia.

DEVISE : Toujours plus haut !

HOMME CONNU AYANT PORTÉ CE PRÉNOM : l'Empereur Adrien.

---

5. — Agénor

C'est un prénom que beaucoup trouvent quelque peu ridicule. Ils ont tort, car ceux qui l'ont reçu à leur naissance sont des hommes de cœur, braves et courageux.

Ils sont en outre actifs et industrieux. Ils se débrouilleront toujours, quoi qu'il arrive. Ils aiment le travail et réussiront par leurs efforts continus et incessants à conquérir la situation qu'ils visent.

Ils sont persévérants, économes ; mais comme la fourmi de la fable, ils n'écoutent pas facilement les cigales qui viennent chanter famine.

Ils pensent que chacun doit se tirer d'affaire par soi-même.

Ils ont de la sensualité, mais leur timidité les gêne.

TALISMANS : rubis, écarlate, coquelicot.

DEVISE : J'arriverai !

HOMME CONNU AINSI PRÉNOMMÉ : Agénor Bardoux.

6. — Aimé

Ce prénom, trop doux, trop efféminé à l'oreille est généralement porté par des hommes qui ont une énergie insuffisante.

Ils prennent rarement de l'initiative et sont plutôt aptes à obéir et à travailler sous les ordres d'un tiers qu'à administrer et diriger.

Ils sont, parfois, égoïstes, infatués de leur personne ; ils se permettent même de faire les fanfarons.

Ils ont pourtant des qualités qui permettent à certains de réussir. Ils ont de la prudence, de l'adresse manuelle, de la souplesse physique.

La ruse est un moyen qu'ils emploient couramment. Ils la compliquent même de mensonge.

Ils n'ont pas toujours bon caractère dans l'intimité ; ils sont nerveux, irritables, difficiles.

Très prosaïques et très sensuels, ils considèrent la femme comme un être de plaisir et se dépensent rarement en tendres sentiments.

TALISMANS : perle, rose, rose.

DEVISE : Prudence et loyauté !

HOMME CONNU AINSI PRÉNOMMÉ : Aimé Morot.

7. — Alain

Les Alain sont des hommes très séduisants par leurs manières, leur prestance, leur affabilité.

Ils sont aimables et conquérants. Les femmes leur font les doux yeux.

Ils aiment cependant leur indépendance et ne l'aliènent pas facilement.

Ils sont galants, enjôleurs, mais se détachent aussi vite qu'ils s'attachent.

Il ne faut pas leur demander des sentiments trop profonds. Ce sont plutôt des êtres superficiels.

Ils ont du goût pour la politique, mais plus encore pour les lettres et les sciences.

Voluptueux et sensuels, ils savent profiter de leurs conquêtes, dont ils s'enorgueillissent.

TALISMANS : rubis, géranium, rouge.

DEVISE : Confiance en soi attire succès !

PERSONNAGE CONNU AINSI PRÉNOMMÉ : Alain Chartier.

8. — Albéric

Les hommes qui portent ce prénom aiment le commandement et le travail.

Ils sont très attachés à leur foyer.

Fiers, ambitieux, ne se décourageant pas facilement, ils sont d'habiles directeurs et organisateurs.

Souvent égoïstes, ils sont prompts à profiter de la moindre occasion, sans s'inquiéter de ce qui en résultera pour les autres.

Ils ne manquent pourtant pas d'une certaine noblesse de sentiments, dont ils font preuve en maintes circonstances. Ils sont même chevaleresques, à l'occasion.

Leur cerveau actif et ingénieux n'est jamais au repos.

Ils doivent redouter la vengeance de leurs ennemis.

En amour, ils sont voluptueux et passionnés.

TALISMANS : grenat, rouge foncé, balsamine.

DEVISE : Courage !

9. — Albert

Si l'on recherche l'étymologie d'Albert, on trouve que ce prénom signifle « digne de sa naissance ».

Et, en effet, les Albert ont de la noblesse de caractère et sont doués de qualités nombreuses.

Ce sont des hommes doux, aimables et serviables.

Ils ont de la patience et sont à la fois pratiques et idéalistes.

Sympathiques et affectueux, ils sont des amis sincères, au dévouement sûr.

Ils agissent plus par le cœur que par la raison.

Hommes d'ordre, ils administrent avec sagesse. Ils sont, en général, de mœurs et de goûts paisibles.

Ils ont de la modération, du tact, de la dignité. Ils aiment à protéger, si leur situation le leur permet et s'intéressent aux sciences et aux arts.

Ils ne font pas montre de leurs qualités, ils les cachent au contraire, la plupart du temps, sous un extérieur modeste.

Ce sont des raffinés, des sentimentaux. Leur délicate volupté les rend difficiles dans leur choix.

TALISMANS : opale, jaune, anthémis.

DEVISE : Noblesse et probité !

HOMMES CONNUS AINSI PRÉNOMMÉS : Albert Besnard, Albert Carré, Albert Delpit, Albert Durer, S. M. le roi des Belges ; le prince Albert de Monaco.

10. — Alexandre

Les Alexandre sont des hommes énergiques, intrépides et secourables.

Ce sont des cerveaux féconds. Leurs conceptions multiples ont de l'étendue et de la profondeur.

Ils aiment l'ordre et pourtant n'acceptent pas les idées toutes faites ; ils les discutent, car ils n'abdiquent pas facilement leur personnalité, même quand elle est modeste.

Tous ne trouvent pas la voie du succès et de la réussite, mais quand ils la trouvent, leur puissante nature sait se tailler un empire dans la sphère où ils évoluent.

Ils ont le ressentiment tenace. Il vaut mieux être leur ami que leur ennemi. On ne fait pourtant pas inutilement appel à leur bon cœur et à leur générosité.

D'apparence calme et grave ; ils sont pourtant emportés et coléreux.

Ils doivent craindre les intrigues de la politique. Elles peuvent leur être néfastes.

Ils aiment la vie fougueusement et leurs besoins de jouissance l'emportent sur leurs sentiments. Ils mènent assez souvent une existence déréglée, qui est le fait de leur ardente sensualité.

Talismans : porphyre, rouge, amaryllis.

Devise : Grandeur et bonté !

Hommes connus ainsi prénommés : Alexandre le Grand, roi de Macédoine, les deux Dumas, Alexandre Bisson, Chevreul, Falguière.

11. — Alexis

Plus encore que les Alexandre, les Alexis ont à redouter la politique et ses noirceurs. Elle leur réussit rarement.

D'ailleurs, les Alexis ne sont pas ambitieux à l'excès et préfèrent souvent une vie tranquille à la brillante existence des gens fortunés ou haut placés.

Cependant, si l'on a besoin de leur aide, ils la donnent volontiers.

Ils sont affables et courtois.

De nature équilibrée, ils sont réfléchis et pondérés.

Ils ont un extérieur sympathique, les cheveux bruns, les traits réguliers.

Ce sont des amoureux sensuels et voluptueux. Ils peuvent s'attacher profondément.

TALISMANS : onyx, jaune, mimosa.

DEVISE : Aide ton prochain !

PERSONNAGE CONNU AYANT PORTÉ CE PRÉNOM : Alexis Bouvier.

12. — Alfred

Ceux qui ont reçu ce prénom en partage sont

railleurs et impertinents. Ils ont de la finesse d'esprit et sont ironiques en diable.

Au début de leur vie, ils sont souvent hésitants dans le choix d'une carrière. Tout les tente, ils essayent de beaucoup de choses, sans trouver immédiatement leur chemin.

Ils acceptent facilement les idées du moment, s'y conforment, ce qui leur vaut des succès faciles dans leur entourage.

Sous leur gaieté, leur humeur spirituelle, il y a une mélancolie latente, qui apparaît, surtout dans l'intimité.

Ils n'ont pas toujours la besogne facile, mais ils font du bon travail.

Ce sont des idéalistes et des passionnés. Que ne feraient-ils pour une femme aimée. Ce sont des amoureux tendres et voluptueux.

Ils ont un certain charme physique, mais il leur arrive de connaître la trahison féminine et leur cœur sentimental en souffre.

TALISMANS : vert, onyx, chrysocome.

DEVISE : Aimer, souffrir !

HOMMES CONNUS AINSI PRÉNOMMÉS : Assolant, Bruneau, Capus, Musset et de Vigny.

13. — Alphonse

Voilà un prénom, un beau prénom, discrédité par l'emploi qu'en a fait un littérateur de notre temps.

Dans l'étymologie d'Alphonse, on trouve « enveloppé de deuil » et il est à remarquer que les Alphonse sont des gens tristes, mélancoliques, voire douloureux. Ils tiennent cette fatalité de leur prénom.

Si leur tristesse ne vient pas des tourments que la vie leur a infligés, elle résulte des noires chimères dont ils peuplent leur cerveau.

Ils sont souvent inquiets, fiévreux, d'une nervosité frémissante ; ils semblent même manquer d'équilibre.

Ils redoutent les difficultés de la lutte sociale ; et pourtant, ils sont persévérants, laborieux, réfléchis, austères.

Ils tiennent à leur indépendance et dans quelque branche qu'ils s'établissent, ils sont, malgré tout, plutôt des novateurs que des imitateurs.

En amour, ils sont fidèles, jaloux et très voluptueux.

TALISMANS : cornaline, pourpre, lobélia.

DEVISE : Toujours mieux !

HOMMES CONNUS AINSI PRÉNOMMÉS : Daudet, Lamartine, Alphonse XIII, roi d'Espagne.

14. — Ambroise

Ce prénom confère une élévation de pensées et de sentiments, capables de provoquer d'admirables dévouements.

Le caractère des Ambroise est généralement paisible.

Ils sont discrets et patients.

Leurs tendances altruistes sont indiscutables. Ils sont très humains.

Leur esprit est studieux et pensif.

Doux et sensibles aux maux de leurs semblables, ils sont toujours prêts à les soulager dans la mesure de leurs moyens.

Ils s'attachent indissolublement à une femme et, quand elle le mérite, l'entourent d'un véritable culte. Ils sont très sensuels, mais ils n'aiment pas le changement et encore moins les complications d'intrigues amoureuses.

TALISMANS : amaranthe, bleu, émeraude.

DEVISE : Bonté, fidélité.

PERSONNAGES CONNUS AYANT PORTÉ CE PRÉNOM : Ambroise Paré, Ambroise Thomas.

15. — Amédée

Les Amédée ont une pondération d'esprit bien caractérisée.

Ils sont concentrés, peu expansifs, ne disporsent ni leurs idées, ni leurs sentiments.

Ils sont discrets, surtout quant à leurs projets et à leurs entreprises.

Ils se mettent rarement en colère ; mais quand ils le font, ils en gardent un ressentiment profond.

Ils sont plus matérialistes qu'idéalistes. Ils considèrent les hommes et les choses avec sûreté et précision.

Ils ne s'embarrassent pas de sentiments qu'ils jugent encombrants. Ils ont beaucoup de justesse, mais sont très froids.

Ils s'assimilent aisément les connaissances les plus diverses. S'ils taquinent les muses, c'est pour en tirer profit. Ce sont des hommes pratiques.

Leur sensualité se contente d'amours rapides. Ils s'attardent peu aux voluptés de la passion, aux nuances d'un tendre sentiment.

TALISMANS : jade, rouge, fleur d'oranger.

DEVISE : Voir et savoir !

HOMME CONNU AINSI PRÉNOMMÉ : Amédée de Noé, dit Cham.

16. — Anatole

Les hommes qui ont reçu ce prénom sont presque toujours économes et travailleurs.

Ils n'aiment pas à subir le joug des conventions sociales. Il leur faut une existence libre.

On les rencontre dans les professions libérales. Ils aiment la littérature et les arts. Ou bien ils s'occupent de culture, car ce sont des sauvages, heureux dans la solitude de la campagne, entre le ciel et la terre.

Ils ne sont pas à leur aise dans les villes. Ils y étouffent, s'y trouvent en quelque sorte emprisonnés.

Ils sont opiniâtres et quand ils ont une idée dans la tête, ils la mènent toujours à terme.

Leur extérieur se ressent de ce caractère parfois fantasque. Ils ont la mine farouche, les cheveux en bataille.

Leur jalousie est dangereuse. Passionnés et sensuels, ce sont de terribles amoureux. Ils sont sujets au spleen, à la neurasthénie.

TALISMANS : jaspe, chardon, gris.

DEVISE : Jusqu'au bout !

CÉLÉBRITÉS PORTANT CE PRÉNOM : Anatole France, Anatole Le Braz, Anatole de la Forge.

━━━━━━━

17. — André

Les André ont, en général, un esprit vif, tempéré par une certaine inquiétude.

Ils sont minutieux et expéditifs en même temps.

Quelquefois parcimonieux, en tout cas prudents et prévoyants, ils obéissent d'instinct au premier mouvement.

Ils ont la réflexion rapide.

Ils ne sont pas toujours personnels, au point de vue de l'intelligence, mais ils savent mettre très habilement à profit les idées d'autrui.

Ils sont doués d'aptitudes nombreuses. Ils envisagent les difficultés et les abattent avec courage, ce qui leur permet d'établir leur situation sans aucun appui.

Leur affection vive est peu durable, souvent guidée par une question d'intérêt.

Les André sont plutôt voluptueux que sensuels.

TALISMANS : rouge vif, cyclamen, saphir.

DEVISE : Je saurai vaincre !

HOMMES CONNUS AINSI PRÉNOMMÉS : Antoine, Ampère, André Chénier, André del Sarte, Masséna.

————————

18. — Anselme

La ténacité, l'entêtement, une opiniâtreté à toute épreuve, caractérisent les hommes qui ont ce prénom.

Grâce à ces qualités, ils réussissent à la longue

dans leurs entreprises, bien que leur cerveau ne s'assujettisse pas facilement à l'étude.

Ils ont d'ailleurs de l'habileté manuelle.

Avec leur finesse et leur ruse, dissimulées sous un air bon enfant, ils roulent de plus malins qu'eux, sans que ces derniers s'en aperçoivent.

Ils sont parfois brutaux.

Ils aiment bien manger et bien boire. Ils ont une lourde sensualité.

Talismans : agate, pourpre, géranium.

Devise : Travail et probité !

---

19. — Antoine

Chez les Antoine, on constate un curieux mélange de force et de faiblesse, de constance et de légèreté.

Ils sont francs et ouverts, doués d'une intelligence éclairée.

Leur caractère ferme et autoritaire est susceptible de défaillances qui peuvent entraver le cours de leur destinée.

Le beau sexe les attire invinciblement ; ils doivent craindre cette sorte de fascination de la femme qui a conduit plus d'un à des écarts de passion.

Ils sont très sensuels.

Ce sont d'excellents travailleurs.

Talismans : ambre vert, vert, arum.

Devise : Par la force et le courage !

Hommes connus ainsi prénommés : Stradivarius, Watteau, Drouot.

----

20. — Aristide

Les Aristide passent pour être des hommes de valeur, ayant une grande justesse d'appréciation.

Ils ont un caractère très souple, qui sait se plier au gré des événements.

Cela ne les empêche nullement d'avoir en eux une certaine originalité, qui se manifeste dans leurs manières ou leurs paroles.

Ils sont humains et généreux. Quand ils ont de l'argent, ils font des heureux dans leur entourage.

Ils peuvent exceller dans des carrières tout à fait différentes, notamment dans le commerce ; ils ont l'esprit des affaires.

Ils sont très sensuels et même parfois vicieux.

TALISMANS : bleu, bleuet, turquoise.

DEVISE : J'ai, j'aurai !

HOMMES CONNUS AINSI PRÉNOMMÉS : Aristide Bouci-
caut, Briand, Bruant.

―――――

21. — Armand

Les Armand ont le goût de l'étude ; leur cerveau
est souvent orné des plus brillantes connaissances,
bien qu'ils ne soient pas pédants et n'étalent pas leur
savoir.

Ils ne sont pourtant pas sans ambitions. Ils en ont
au contraire souvent d'ardentes, malgré leur maintien
effacé.

S'ils parviennent à les réaliser, c'est sans lutte ;
ils n'aiment pas la violence.

Ils n'aiment pas non plus les éclats et ne cherche-
ront jamais à éblouir leurs semblables.

On peut même leur reprocher cet effacement, en
certaines circonstances. Il peut nuire à leur renommée et faire douter de leurs qualités.

Ils ne s'embarrassent pas facilement d'histoires de
femmes. Ils préfèrent les amours calmes et cachées.

TALISMANS : rose rose, rose, topaze brûlée.

DEVISE : Travail et patience !

CÉLÉBRITÉS AINSI PRÉNOMMÉES : Richelieu, Barbès, Armand Carrel, Fallières.

22. — Arsène

Quelquefois timides, les Arsène ont en eux une impétuosité de sentiments qui finit toujours par se faire jour.

Ce sont des patriotes ardents. Aucun grand sentiment ne les laisse d'ailleurs pas indifférents.

Ils ont une extrême sensibilité, s'émeuvent facilement.

On peut les croire maniérés et poseurs ; ils le sont, en effet, mais pas tous.

Ils se lancent rarement dans le commerce. Ils semblent préférer l'administration. Ils sont pointilleux, impatients, mais conciliants et de bonne foi.

Ils ne prennent pas toujours facilement un parti.

Leurs aventures sentimentales ne font pas de bruit. Ils en ont, pourtant. Leur sensualité est très fine.

TALISMANS : vert, hortensia, malachite.

DEVISE : Honneur et devoir !

HOMME CONNU AINSI PRÉNOMMÉ : Arsène Houssaye.

23. — Arthur

Les hommes qui portent ce prénom sont scrupuleusement honnêtes, ordonnés, mais susceptibles. Un rien les froisse et leur entourage n'a pas toujours la vie facile avec eux.

Ils sont calmes, pondérés, même un peu froids ; mais il arrive que cette froideur apparente s'échauffe et ils deviennent de gais et charmants compagnons.

Ils sont souvent intolérants et admettent difficilement qu'on ne partage pas leurs opinions.

Ils aiment leur famille et sont des fils dévoués.

Ce sont des esprits sérieux, des gens sûrs.

Ces hommes calmes sont capables d'éprouver de violents sentiments amoureux, car ils sont très portés sur les sens.

TALISMANS : vert, absinthe, béryl.

DEVISE : Toujours tout droit !

HOMME CONNU AINSI PRÉNOMMÉ : Schopenhauer.

---

24. — Auguste

Le caractère des Auguste offre de curieux contrastes, c'est-à-dire qu'ils peuvent être, suivant les circonstances, égoïstes, implacables ou bien doux et zélés.

Ils sont ambitieux ; ils ont soif de parvenir à une haute situation ou d'améliorer la leur.

Ils ont le goût du faste et des plaisirs. Ils aiment les femmes luxueuses et s'affichent avec elles. Ils sont orgueilleux de leurs atours et de leur beauté. Un bon repas n'est pas non plus une chose qu'ils dédaignent.

Ce sont des hommes positifs, tolérants, larges d'esprit, faciles à vivre, épris de vérité.

Matérialistes, sensuels, voluptueux, ils ne négligent aucune des jouissances que la vie offre au banquet de ses invités.

TALISMANS : ambre, jaune d'or, anthémis.

DEVISE : Je veux et je peux !

PERSONNAGES CONNUS AINSI PRÉNOMMÉS : Auguste Comte, Auguste Barbier, Rodin, Blanqui.

25. — Barthélemy

Ce prénom confère de la sincérité et de la générosité.

Ceux qui le portent sont généralement spirituels, ils ont le goût des honneurs.

Ils ont de l'orgueil et sont quelque peu irascibles ;

mais leur colère est de courte durée et rarement mauvaise.

Ils sont prévoyants et aiment pourtant à faire le bien.

Ils ne sont pas assez méfiants et il leur arrive d'être la dupe de gens malhonnêtes.

Les Barthélemy aiment les voyages, la vie d'aventures ; aussi se marient-ils tardivement ; mais ils deviennent de bons époux. Ils sont tempérés dans leurs désirs et de sensualité moyenne.

Talismans : cornaline, rouge, grenadier.

Devise : Fais le bien !

---

26. — Benjamin

Les hommes qui ont reçu ce prénom en partage, ont un esprit brillant, pénétrant, parfois mordant et incisif.

Ils ont une imagination riche, ingénieuse ; mais ils sont légers, sceptiques, mobiles, incertains.

Ils offrent un mélange singulier d'égoïsme et de sensibilité, de mépris de l'humanité, de tendresse et d'ironie.

Ils sont souvent intransigeants dans leurs idées et dans leurs opinions.   T

Ce sont des enfants gâtés de la vie ; ils aiment les plaisirs et surtout le jeu, ce qui les conduit souvent à un certain désordre.

Amoureux délicats et voluptueux, ils ont souvent d'orageuses liaisons. Ils ont le goût d'une sensualité raffinée.

TALISMANS : ambre, bleu pâle, amandier.

DEVISE : Pense à demain !

HOMMES CONNUS AINSI PRÉNOMMÉS : Benjamin Constant, Franklin.

---

27. — Bernard

Voilà un prénom qui a de la dignité, de la noblesse, de l'énergie et qui confère ces qualités à ceux qui le portent.

Ils sont presque toujours patients, laborieux, fidèles, humains.

Ils vont leur chemin sans bluff, sans poudre aux yeux.

Ces gens placides ont une volonté soutenue, apte à triompher des pires difficultés sans combats apparents, par une lutte lente et progressive.

En amour, ils procèdent rarement par coup de

tête. Leur choix est judicieusement réfléchi et ils sont capables d'un attachement profond.

Ils sont aimants et sensuels.

Talismans : bleu foncé, hortensia, lapis-lazuli.

Devise : Sagesse mène à tout !

Hommes connus ainsi prénommés : Bernard de Fontenelle, de Jussieu, Palissy.

---

28. — Blaise

Ceux qui ont ce prénom sont des travailleurs consciencieux, des bûcheurs infatigables.

Ils ont un esprit perspicace et profond à la fois, de la malignité, de la ruse.

Ils aiment le surnaturel et sont superstitieux bien souvent.

Ils préfèrent le calme de la campagne à l'agitation des villes.

Ils ne sont jamais tranquilles ; une inquiétude vague les poursuit, sans qu'ils puissent toujours se l'expliquer à eux-mêmes.

Quand ils sont pieux, leur exaltation peut aller jusqu'au mysticisme.

Ils sont généralement chastes et savent modérer leurs penchants. Ils ont peu de sensualité.

Talismans : blanc, rose blanche, ivoire.

Devise : Amitié, espoir, charité !

Homme connu ainsi prénommé : Blaise Pascal.

━━━━━━━━━━

29. — Brice

Nature emportée, brisante, cassante, éprouvant des colères mauvaises qui laissent un ressentiment profond.

Défiance à l'égard d'autrui.

Esprit instable qui change souvent de déterminations.

Les Brice ne sont pourtant ni maladroits ni sots.

Ils savent se créer des sources de profits et conserver l'argent qu'ils ont gagné.

Leurs sentiments d'amitié, d'affection ou de tendresse sont rares et fragiles.

Ce sont des passionnés qui peuvent glisser sur la pente des dérèglements s'ils obéissent à leur sensualité extrême.

Talismans : émeraude, orangé, laurier-rose.

Devise : Pense, agis ensuite !

---

30. — Camille

Les Camille sont enthousiastes, enflammés, mais changeants et versatiles.

Ils ont une vive imagination, de la générosité, du dévouement.

Ils aiment la liberté.

Leurs sentiments sont ardents, passionnés.

Ils excellent à juger leur prochain.

Leur bonté d'âme est inépuisable, leur désintéressement souvent absolu.

Il y a cependant des exemples de Camille sacrifiant tout à leur grande ambition.

Ambitieux, ils le sont tous, mais noblement, la plupart du temps, sans vils calculs, sans indignes menées.

Ils sont orgueilleux ; mais cachent leur orgueil sous un extérieur simple et dénué de prétentions.

Ardents en amour, ils sont à la fois tendres, voluptueux et sensuels.

Talismans : rubis, blanc, camélia.

DEVISE : Avoir un but et l'atteindre !

HOMMES CONNUS AINSI PRÉNOMMÉS : Desmoulins, Flammarion, Pelletan.

---

31. — Casimir

Les Casimir ont de la force morale, de la sincérité et de l'ingéniosité.

Ils sont hautains et dédaigneux, parfois capricieux.

Ils ont la voonté de s'imposer dans leur sphère, mais ils ne parviennent pas toujours à triompher des attaques de leurs ennemis, qui sont nombreux.

Ils sont dépensiers, voire même prodigues.

Quoique railleurs de leur naturel, ils supportent difficilement la raillerie des autres.

Ils sont hardis dans leurs entreprises, téméraires même ; aussi est-il bien rare qu'ils aient une existence calme ; elle est plus souvent mouvementée, avec des hauts et des bas.

Ils sont capricieux dans l'intimité et leur fidélité n'est pas à toute épreuve. Ils sont très voluptueux et sensuels.

TALISMANS : grenat, dahlia, grenat.

DEVISE : Je vais de l'avant !

HOMMES CONNUS AINSI PRÉNOMMÉS : Casimir Périer,
Casimir Delavigne.

---

32. — Célestin

Les hommes ainsi prénommés ont un tempérament robuste et sanguin, bien qu'ils soient « fils du
ciel » par l'étymologie de leur nom.

Ils ont de l'habileté manuelle.

Ils sont peu expansifs, renfermés, disent rarement
ce qu'ils pensent ; on peut même leur reprocher de
manquer de franchise.

Economes, rangés, ils sont fidèles à leurs idées
et à leurs principes.

Ils ne se lient pas facilement.

Ils ont une nature essentiellement concentrée et
ont le goût de la solitude.

Ils fuient le bruit et le tapage.

Ce sont des époux fidèles ; on ne les voit pas souvent en colère. Il faut craindre cependant leur vengeance ; elle serait terrible pour la femme qui trom-
perait leur confiance. Ils ont de la sensualité.

Talismans : bleu, lys, saphir.

Devise : Prudence !

---

33. — Charles

Ce prénom, qui fut celui de toute une lignée de rois de France et de nombreux autres souverains étrangers, dont certains furent particulièrement notoires, confère des multiples facultés de l'intelligence.

Les Charles ont de la vaillance et du courage.

Ils sont entreprenants jusqu'à la témérité.

Emportés, violents, leur colère est vive mais ne laisse pas de ressentiment.

Ils sont généreux ; ils ont bon cœur et délient facilement les cordons de leur bourse.

D'ailleurs, ils sont rarement économes ; il leur arrive même d'être dépensiers jusqu'à la prodigalité.

Très matérialistes, ils aiment la bonne chère et le bon vin, ce qui leur donne de la bonne humeur, de la bonhomie, de la rondeur, une certaine affabilité, mais ils ne sont pas poseurs pour un sou ; ils auraient même plutôt du laisser-aller dans leur tenue.

Ils aiment la vie de famille ; pourtant ils ne sont

pas d'une fidélité à toute épreuve. On leur connaît au dehors des aventures banales, qui satisfont leur besoin de jouissances.

Ils n'en demeurent pas moins très attachés à leur foyer.

Dans la première partie de leur vie, ils se fixent assez difficilement ; ils ont le goût des voyages, du changement ; puis leur nature s'assagit, ils trouvent leur véritable voie et la suivent.

D'humeur enthousiaste, prompts à s'emballer sur une idée, ils sont même belliqueux par accès.

Au demeurant, ce sont des hommes pacifiques ; ils il y a dans leurs veines le sang valeureux des guerriers d'autrefois, dont maints portèrent ce prénom de Charles, et se distinguèrent avec éclat sur les champs de bataille.

Quand ils ne poussent pas trop loin leur goût pour les plaisirs, les Charles sont des excellents époux. Ils ne sont pas voluptueux, mais d'une grande sensualité.

Ils subissent peu l'attrait des arts et de la poésie ; mais ils excellent dans le commerce, dans le négoce ou bien ils sont d'habiles artisans.

Talismans : rouge, amarante, rubis.

Devise : Courage et bonté.

Hommes connus ainsi prénommés : Charlemagne, Charles-Quint, Charles XII de Suède, Gounod, Baudelaire, Carolus Duran, Leconte de Lisle, Linné, Montesquieu.

---

34. — Christian

Ceux qui sont dotés de ce prénom ont généralement un tempérament agité, nerveux.

Ils ont à leur disposition un certain esprit facile, de la verve, de la jovialité ; ils adorent le calembour et les bons mots.

Ils ont, comme on dit, du vif-argent dans les veines, ils tiennent pas en place, toutes leurs facultés se ressentent de cette fièvre qui toujours les agite.

Leur imagination est très active, les idées fourmillent dans leur cerveau ; mais ils manquent de pondération pour choisir les meilleures et les faire aboutir.

Ils sont d'humeur fantasque ; les choses originales les tentent. Ils s'écartent toujours de ce qui est adopté par la masse, cela leur semble vulgaire.

Ils apprennent facilement et ont bonne mémoire.

En amour, ce sont des papillons difficiles à fixer. Leurs boutades naturelles leur valent des conquêtes aisées ; ils butinent de fleur en fleur. L'une les arrête parfois ; ils l'épousent ; si elle n'est pas jalouse, elle sera heureuse.

Extrême sensualité.

TALISMANS : béryl, vert, réséda.

DEVISE : Sois prêt à tout !

HOMME CONNU AINSI PRÉNOMMÉ : Christian Huygens.

---

35. Claude

Ce beau prénom, auquel on semble revenir depuis quelques années, donne de brillantes qualités.

Les Claude sont distingués, doués d'une intelligence très fine.

Ils ont une grande élévation d'âme, un cœur sympathique, facile à émouvoir.

Ce sont des idéalistes ; ils ont du goût pour les lettres, les arts.

Très perspicaces, minutieux dans leurs jugements, ils excellent à déchiffrer les mystères de l'âme ; ce sont des psychologues délicats.

Ils n'ont pas le sens pratique des affaires, par contre, et si la vie les y lance, malgré tout, ils ne tardent pas à s'en écarter.

Ils sont souvent embarrassés à leurs débuts par une timidité qui les gêne, mais dont ils ne tardent pas à se débarrasser et qui leur laisse beaucoup de réserve dans les manières.

En amour, ce sont des tendres, des voluptueux ; mais faibles et confiants, ils sont souvent le jouet d'une femme qui les ridiculise.

Et c'est dommage, quand cela arrive, car ce sont des époux parfaits.

TALISMANS : bleu sombre, pensée, jais.

DEVISE : Aie confiance en toi !

HOMMES CONNUS AINSI PRÉNOMMÉS : Claude Lorrain, Claude Farrère, Claude Forbin, Claude Bernard, Chappe.

---

36. Clément

Amis de la conciliation par le sens étymologique de leur nom, les Clément ont un caractère calme, posé et réfléchi.

On assure qu'ils ne sont pas toujours très braves et très courageux ; plutôt que de lutter face à face avec les difficultés, ils tournent volontiers les talons pour éviter les risques d'une explication.

Ils sont flatteurs, mielleux, hypocrites.

Malgré leurs manières doucereuses, ils se créent souvent des inimitiés dans leur entourage.

Ils ont un tempérament lymphatique ; ils sont mous et dégingandés.

Leur esprit est lent à la conception ; ils sont pourtant capables de produire du bon travail quand on fait appel à leur patience, à leur habileté manuelle, plutôt qu'à leur initiative.

Ils sont d'une sensibilité moyenne, affichent une certaine austérité ; mais ils font leurs coups en dessous.

TALISMANS : améthyste, violet, scabieuse.

DEVISE : Patience, constance !

HOMME CONNU AINSI PRÉNOMMÉ : Clément Marot.

------

37. Conrad

Ce prénom, peu répandu en France, confère une âme solidement trempée, qui ne redoute pas les âpretés de l'existence mais fond au contraire sur elles, tête baissée.

Les Conrad sont même aventureux, audacieux, téméraires.

Ces qualités les exposent à des dangers fréquents ; ils se font des ennemis dont ils doivent craindre la vengeance sournoise, eux qui frappent toujours tout droit.

Ce sont des hommes francs, tout d'une pièce.

Ils ont du dévouement et de la générosité. Tout ardents qu'ils sont à la lutte, ils peuvent être partisans de la paix et de la bonne entente.

Quand ils se laissent prendre dans les rais d'une femme rusée, ils ne peuvent plus s'en dépêtrer. Ils sont d'ailleurs capables de toutes les folies pour obtenir celle qu'ils désirent impétueusement.

Ils sont très sensuels.

TALISMANS : carmin, corail rouge, œillet rouge.

DEVISE : Etre debout et agir !

38. Constant

Malgré leur prénom qui indique de la persévérance à toute épreuve, les Constant changent souvent dans leurs idées, dans leurs sentiments et même dans leur amour pour une même personne.

Ils ont pourtant un caractère ferme, inflexible ; ils

ne pardonnent pas facilement les torts qu'on a eus envers eux ; ils sont constants... dans la rancune.

Ils sont autoritaires, même despotes ; ils n'abandonnent pas leur part aux autres ; et s'il faut qu'ils partagent la leur, ils trouvent des moyens — pas toujours louables — pour garder le tout.

Ils ont souvent des contestations pécuniaires avec des amis ou avec ceux dont ils dépendent. Ils embrouillent les chiffres, peut-être à leur avantage ; ils ont ce qu'il faut pour réussir dans le commerce.

S'ils réussissent et gagnent de l'argent, ils glissent facilement à la débauche.

Ils sont matérialistes et sensuels.

Talismans : diamant, aloès, rouge vif.

Devise : Je veux !

39. Cyprien

Les Cyprien sont fidèles aux idées et aux principes qui leur ont été inculqués.

Ils sont même entêtés dans leurs opinions et capables de faire, en leur faveur, de grands sacrifices.

Ils sont généreux, désintéressés, incapables de vils calculs.

Leur bonté ne va pas sans naïveté. Ils sont crédules et confiants.

Peu expansifs, ils concentrent leurs impressions et ne manifestent pas leurs sentiments.

Leur attachement est durable et susceptible de beaux dévouements.

Ce sont de bons maris, de bons pères de famille ; mais ils ne voient pas toujours clair dans les agissements de leur moitié.

TALISMANS : chrysolithe, jaune vif, bruyère.

DEVISE : Parle peu et agis !

---

40. Daniel

Ceux qui portent ce prénom ont de la clairvoyance et de la perspicacité.

Ils aiment la discussion, la contradiction.

Ce sont des hommes d'action et de lutte ; mais ils procèdent par coups de tête ; ils manquent de résolution et d'esprit de suite.

Ils sont capables de trouver des idées heureuses, géniales même, qui peuvent devenir fructueuses, à la condition que d'autres les mettent à profit.

Ils ont de l'intelligence, de l'imagination, de l'ingéniosité.

Ils savent être courageux aussi.

En amour, ils sont tendres, voluptueux et sensuels ; mais leurs sentiments se refroidissent avec l'habitude ; ils sont soumis à des passions rapides, qui s'éteignent aussi vite que des feux de paille.

Avec l'âge, ils deviendront de bons maris.

TALISMANS : jaune, érable, rubis.

DEVISE : Rien d'impossible !

HOMME CONNU AINSI PRÉNOMMÉ : Auber.

41. David

Ce prénom confère l'orgueil, l'endurance, le désir de s'élever, la soif de parvenir à la richesse ou à la gloire.

Les David ont une personnalité bien marquée, une

individualité puissante, capable de concevoir et de créer.

Ils peuvent être d'habiles hommes d'affaires, ils ont l'esprit mercantile, l'instinct du commerce.

Cependant, ils aiment les arts, les lettres, les comprennent et les encouragent.

Ils accordent volontiers leur protection quand ils sont puissants.

Ils doivent se méfier des passions adultères, qui peuvent leur être néfastes et les pousser à des actes irréparables, dont ils se repentiront toute leur vie.

En amour, ils font du sentiment et sont très voluptueux.

TALISMANS : rubis, pourpre, lobélia.

DEVISE : Vouloir c'est pouvoir !

HOMME CONNU AINSI PRÉNOMMÉ : David Téniers.

---

42. Désiré

Les hommes qui ont reçu ce nom de baptême sont aimables, affectueux.

Même s'ils ne sont pas beaux, ils cherchent à

plaire et y parviennent asesz souvent, par la neutralité de leur caractère.

On relève en eux une tendance marqués pour les choses matérielles plutôt qu'intellectuelles.

Ils sont aisément satisfaits d'eux-mêmes et portent sur eux l'apparence évidente de la vanité, de la fatuité.

Ils ont confiance en ce qu'ils disent et font, mais leur esprit n'a pas de profondeur, leurs idées sont superficielles.

Leur qualité dominante est une grande facilité d'assimilation, qui fait leur réussite. Ils savent être souples quand il le faut. Ils ont le compliment facile et en usent.

En amour, ils ne sont pas d'une sensualité extrême ; ils ne s'attachent que légèrement.

TALISMANS : muguet, aigue-marine, mauve.

DEVISE : Bien dire et bien faire !

---

43. Dominique

Prénom peu répandu.

Il assure une nature fière, orgueilleuse, un caractère tenace.

Goûts sérieux ; gravité superficielle, austérité plus apparente que réelle, sous lesquelles on découvre un esprit plein de finesse.

Amitié franche.

Manières simples, attitude modeste, mais sans vulgarité.

Froideur extérieure qui cache une âme ardente, sentimentale, voluptueuse.

Personnalité bien marquée, portée vers l'idéalisme.

Goûts pour le beau, le bien et le bon.

En amour, les Dominique sont capables de sublimes renoncements. Ils ne commettront jamais de lâchetés, en tout cas. Ils ont conscience de leurs devoirs d'homme et les remplissent. Ce sont des époux accommodants, mais inflexibles sur le point d'honneur.

TALISMANS : Gris de lin, lapis-lazuli, pervenche.

DEVISE : L'honneur me guide !

HOMME CONNU AINSI PRÉNOMMÉ : Dominique Bonnaud.

---

44. Edgard

Les Edgard ont souvent une humeur changeante

et fantasque, de telle sorte que leur existence est soumise à des changements et à des vicissitudes.

Ils s'en sortent pourtant, car ils ne sont pas dénués de qualités.

Ils ont de l'intelligence, de la vivacité d'esprit, de la richesse d'imagination.

Mais ils sont presque toujours imprévoyants et ne pensent guère à économiser pour leur vieillesse.

Ils aiment les voyages, les changements ; il leur faut de la nouveauté, de l'extraordinaire, même de l'étrange.

Leur vie amoureuse ne va pas toujours sans orage. Ils se marient souvent plusieurs fois et préfèrent les femmes étrangères, sans doute pour se distinguer du vulgaire. L'enlèvement est un moyen qui séduit leur esprit romanesque.

Ils sont passionnés et de sensualité voluptueuse.

Talismans : glycine, améthyste, violet.

Devise : Après la pluie le soleil !

Hommes connus ainsi prénommés : Edgar Quinet, Edgard Poe.

---

45 . Edmond

Ceux qui portent ce prénom ont confiance en eux ;

ils n'ont pas toujours raison, car ils s'exagèrent leur valeur physique et morale.

Ils sont doués d'une verve abondante, qui coule sans effort et leur vaut un succès dont ils se grisent.

Ils aiment les louanges, les flatteries et les suscitent volontiers.

Ils sont égoïstes, peu sensibles aux maux d'autrui, tout occupés de leur propre personnalité.

Ils sont contents d'eux et cela se voit; ils se tiennent droit, ils sont pincés, élégants dans leur mise, recherchés dans leurs manières.

De caractère courtois, ils sont pourtant jaloux et ombrageux. Ils ne s'émotionnent pas volontiers.

Ils se laissent aimer, mais leurs sentiments personnels sont toujours tièdes ou vite refroidis. Ils sont de sensualité ordinaire.

TALISMANS : topaze, fleur de pêcher, rose vif.

DEVISE : Tout pour l'honneur !

HOMMES CONNUS AINSI PREMOMMES : Edmond Rostand, About.

---

46. Edouard

Ceux qui se nomment ainsi ont le goût des honneurs ; ils aiment « paraître » et s'ils connaissent le besoin, ils le cachent avec soin. Ils sauvent toujours la façade.

Ce sont des gens calmes et posés, pas toujours aussi réfléchis qu'ils le paraissent.

Ils sont souples, adroits.

Leur esprit est pénétrant, judicieux ; leur imagination légère et déliée.

S'ils sont tout miel devant le monde, ils savent être mordants et incisifs dans l'intimité.

Plutôt matérialistes qu'idéalistes, ils sont très portés sur le beau sexe. Leurs aventures amoureuses sont nombreuses, la plupart du temps, ce qui ne les empêche pas d'être de bons maris et de bons pères, fiers de leur autorité paternelle, qu'ils exercent avec un certain despotisme.

TALISMANS : vert, réséda, malachite.

DEVISE : Honneur et gloire !

HOMMES CONNUS AINSI PRENOMMÉS : Jenner, Drumond.

---

47. — Emile

Les Emile ont une individualité bien marquée ; ils sont taillés pour la lutte et doués de multiples aptitudes à trouver des gains.

Ils aiment l'argent ; ils ont de grands besoins à satisfaire. Dans quelque genre qu'ils se lancent, ils restent toujours des brasseurs d'affaires, des gens pratiques qui ne sacrifient jamais leurs propres intérêts.

Cela ne les empêche pas d'avoir des idées généreuses, humanitaires ; ils ont de l'enthousiasme, de la sincérité, une chaleur communicative, un extérieur et des manières sans embarras, mais sympathiques.

Ils ont le cerveau ordonné et minutieux. Ils sont très justes dans leurs appréciations et leurs jugements. Ils ne sont pas toujours stables dans leurs opinions et il en va de même pour leurs sentiments.

Ils sont à la fois idéalistes et matérialistes, voluptueux et sensuels. Ce sont des amoureux ardents, généreux. Une belle lignée d'enfants n'est pas pour leur déplaire.

TALISMANS : bleu pâle, bluet, lapis-lazuli.

DEVISE : Justice et Vérité !

HOMMES CONNUS AINSI PRÉNOMMÉS : Emile Zola, Emile Faguet, Emile Loubet, Emile Deschanel, Emile Combes, Gaboriau, de Girardin, Augier.

48. — Emmanuel

Ce prénom confère un esprit timoré, méticuleux.

Ce sont des hommes sérieux, intègres, intelligents.

Ils sont capables d'heureuses initiatives ; mais ils n'ont pas une personnalité assez marquée pour concevoir de vastes projets et les réaliser.

Ils sont doux, faciles à vivre. Ils ont même une mémoire excellente et du goût pour l'étude.

Leur conversation est agréable ; ils ont de l'esprit.

Ils sont obligeants, serviables ; mais de caractère un peu faible.

Ils se laissent dominer trop facilement et s'effacent volontiers.

Ils sont de la pâte dont on fait les bons maris, mais le diable peut les tenter, tout comme les autres, et ils se laissent alors entraîner à de perverses passions ; ils sont voluptueux et sensuels.

TALISMANS : convolvulus, bleu, émeraude.

DEVISE : Prudence avant tout !

HOMMES CONNUS AINSI PRÉNOMMÉS : Emmanuel Arène, Kant, Frémiet.

---

49. — Ernest

Prénom qui signifie sérieux et assure un esprit profond, porté vers l'étude et les choses qui demandent de la réflexion.

Les Ernest s'assimilent les connaissances les plus diverses et sont doués d'une certaine facilité d'élocution.

Ils sont ponctuels, exacts, rangés, précis, même maniaques.

Ils ont le tempérament classique du célibataire. Ils sont fidèles à leurs habitudes. De tempérament agité ; nerveux, ils se blessent et s'irritent pour un rien. Ils sont très susceptibles, mais constants dans leurs amitiés et leurs affections.

Ils sont économes et plus aptes à conserver leurs biens qu'à se créer de gros bénéfices.

Ils aiment les femmes imposantes ; mais ils ont souvent du mal à les conquérir.

Ils sont de sensualité moyenne.

TALISMANS : primevère, blanc, aigue-marine.

DEVISE : Petit à petit !

HOMMES CONNUS AINSI PRÉNOMMÉS : Ernest Lavisse, Ernest Legouvé, Renan.

50. — Etienne

Ce prénom donne un esprit lent à s'émouvoir, de la lassitude physique, de la lourdeur intellectuelle.

Ceux qui le portent ont une bonne mémoire ; quand ils ont appris quelque chose, ils ne l'oublient pas ; c'est gravé à jamais dans leur cerveau.

Ils ont de même l'inimitié tenace ; mais ils ne sont pas méchants.

Ils aiment l'oisiveté, la vie tranquille.

Ils manquent même d'énergie et de courage.

Ils sont rarement gais ; leur nature est plutôt sombre et mélancolique.

Exclusifs dans leurs sentiments, ils sont très jaloux, matérialistes et sensuels ; mais on peut compter sur leur fidélité.

TALISMANS : rouge, rubis, ciguë.

DEVISE : Savoir attendre !

HOMMES CONNUS AINSI PRÉNOMMÉS : Lacépède, Condillac, Et. Marcel, Dolet, Geoffroy-St-Hilaire.

51. — Eugène

Bien français, ce prénom ne confère peut-être pas des qualités exceptionnellement brillantes, mais une intelligence solide, une nature douée d'aptitudes nombreuses.

Les Eugène sont des hommes pratiques, ambitieux, orgueilleux, entreprenants.

Ils excellent surtout dans le commerce et l'industrei, parce qu'ils voient les choses froidement, nettement.

Cependant, ils peuvent réussir dans les arts et s'y créer une place honorable .

Ils ne sont pas très expansifs, peu enclins à la gaieté ; mais ils ne dédaignent pas les amusements.

Ils sont pourtant plutôt portés vers les choses sérieuses, qui expriment des sentiments profonds.

Ce sont rarement des créateurs de génie, mais ils savent mettre à profit les idées des autres pour satisfaire leur goût de luxe et de richesses.

Ils ont de la bonhomie, de la simplicité ; mais quand ils sont arrivés, ils en conçoivent un tel orgueil qu'ils deviennent hautains et même vaniteux.

Ils méconnaissent alors les parents ou les amis pauvres.

Ce sont des gourmets, amateurs de mets fins et de vins de crû.

Les idées généreuses ont généralement peu de prise sur ces hommes éminemment pratiques. Ils taillent et rognent leur prochain sans vergogne, pourvu qu'ils y trouvent des bénéfices.

C'est dire qu'ils sont bien faits pour la lutte.

Ils dépensent facilement, à condition que ce soit pour leur satisfaction personnelle.

Ils peuvent cependant avoir de beaux élans de générosité.

Autant ils sont durs pour les autres, autant ils sont faibles dans l'intimité. Ils ont pour leurs enfants beaucoup d'indulgence. Ils ne sont pas toujours heureux en ménage, et ils souffrent, car ils sont quelque peu sentimentaux.

Matérialistes, ils ont une sensualité voluptueuse.

TALISMANS : diamant, bleu, violette.

DEVISE : Je veux, j'aurai !

HOMMES CONNUS AINSI PRÉNOMMÉS : Eugène Carrière, Chevreul, Brieux, Delacroix, Fromentin, de Beauharnais.

52. — Eusèbe

Les hommes qui ont reçu ce prénom sont agressifs, querelleurs ; ils se plaisent dans les contestations et les procès.

Mais ils sont rusés, adroits, persuasifs ; ils en sortent à leur avantage.

Méfiants et soupçonneux, ils se laissent difficilement « rouler ».

Ils sont entreprenants et hardis.

Ils ont l'esprit vif et léger, avec une tendance marquée à l'exagération, à la hâblerie.

En amour, ils sont perfides et trompeurs. Ce sont des enjôleurs de premier ordre, très inconséquents.

Ils ont un physique dont on ne dit rien. Ils prennent les femmes par le bagoût. Ils ne sont point sentimentaux, mais sensuels.

TALISMANS : rose, arbousier, corail rouge.

DEVISE : Rien au hasard !

53. — Félix

Esprit d'initiative.

Promptitude à agir mais avec réflexion.

Sang-froid qui domine l'impressionnabilité naturelle.

Caractère taquin, qui plaisante à froid.

Amour de l'argent et goût de la dépense.

Aptitudes pour le commerce, le négoce ou pour les métiers manuels.

Les Félix sont capables de se créer, dans leur sphère, une place considérable et d'acquérir une renommée.

Ils sont plus sensuels que voluptueux ; ils aiment toutes les jouissances qu'offre la vie, même le faste, les grandeurs.

Ce sont des maris dont il ne faut pas se plaindre ; ils apporteront consciencieusement leur gain à la maison.

TALISMANS : blanc, camélia, lapis-lazuli.

DEVISE : Probité et labeur !

HOMMES CONNUS AINSI PRÉNOMMÉS : Félix Faure, Mendelssohn.

---

24. — Ferdinand

Les Ferdinand ont l'esprit de domination, une opiniâtreté réfléchie.

Très maîtres de leurs sentiments, ils s'enveloppent d'une fierté qui impose le respect.

Ils ont une individualité bien personnelle ; ils ont de la volonté et sont ambitieux d'honneur.

Leurs sentiments sont concentrés.

Ils sont jaloux, défiants, rancuniers.

Ils se marient, non pour créer une famille, mais pour satisfaire leur ambition. Ils choisissent une femme belle qui devient l'ornement de leur orgueil —

ou riche, parce que sa dot est un appoint utile pour l'avenir.

Ils peuvent cependant s'attacher profondément mais témoignent toujours d'une certaine retenue dans les affections du cœur.

TALISMANS : rouge vif, laurier-rose, rubis.

DEVISE : Il le faut !

HOMME CONNU AINSI PRÉNOMMÉ : Brunetière.

---

55. — Fernand

Les hommes qui portent ce prénom ont des idées romanesques.

Ils ont l'intelligence vive et posent au bel esprit.

Ils sont actifs et remuants, mais leur besoin d'agitation n'est pas toujours fructueux.

Ils ont le désir de paraître et plus d'imagination que de cœur.

La sentimentalité et le sens pratique se mélangent en eux.

Ils sont insinuants, doucereux malgré leur vivacité.

Ils font des gestes en parlant.

En amour, ce sont des passionnés ; ils ont des goûts raffinés.

TALISMANS : grenat, cyclamen, rouge foncé.

DEVISE : Pense et agis !

HOMMES CONNUS AINSI PRÉNOMMÉS : Magellan, Cortez.

-----

56. — François

Ceux qui ont ce prénom sont doués de qualités brillantes et de défauts parfois séduisants.

Ils sont courageux, chevaleresques, téméraires, galants et quelque peu libertins.

Ils sont enclins à la colère, mais la contiennent.

Consciencieux, jaloux de leurs droits, ils sont vaniteux et prodigues.

Ils savent se faire obéir et obéissent aussi quand leur situation le veut.

On peut leur confier un secret, ils le conserveront.

Ils ont le goût des plaisirs mondains ; ils aiment à être bien mis.

En amour, ils sont volages et font verser des larmes à bien des jolis yeux ; il vient un jour où ils se repentent de ces passions nombreuses et trop rapides. Ils sont tendres et voluptueux.

TALISMANS : corail rouge, rouge, églantine.

DEVISE : Droit au but !

HOMMES CONNUS AINSI PRÉNOMMÉS : François La Rochefoucauld, Mansart, Malherbe, Rabelais, Rude, Coppée, Arago, Bachaumont, Boucher, Fénelon.

---

57. — Franois

Les qualités et les défauts que comportent ce prénom sont à peu près les mêmes que pour François, mais avec plus de finesse d'esprit, plus de délicatesse de sentiment, moins de laisser-aller, plus de tenue, de distinction et de noblesse.

Ame compatissante, cœur sensible.

Nature agissant par le cœur et l'imagination.

Dons de psychologie.

Attachements plus durables que chez les François ; moins de facilité à se délier des liens de l'amour et du mariage.

Tendresse, sentimentalité ; sensualité nuancée et voluptueuse.

TALISMANS : rose rouge, écarlate, cornaline.

DEVISE : Sans peur ni reproche.

HOMMES CONNUS AINSI PRÉNOMMÉS : de Croisset, Garnier.

58. — Frédéric

Ce prénom confère des instincts matériels, des aptitudes à la politique plutôt qu'aux arts et aux lettres.

Les Frédéric ont une volonté tenace, persévérante, tyrannique.

Leur nature est à la fois énergique et primesautière.

Leurs sentiments concentrés sont sujets à des explosions soudaines.

Ils ont du courage, de la résolution, mais de la brusquerie et de l'insoumission.

Ils sont sujets à de violents accès de colère, car ils ont l'âme inquiète et fantasque.

Soumis à d'ardentes passions, ce sont de terribles amoureux, d'une sensualité aiguë.

TALISMANS : olivier, vert, béryl.

DEVISE : J'irai de l'avant !

HOMMES CONNUS AINSI PRÉNOMMÉS : Frédéric Masson, Schiller, Frédérick Lemaître, Chopin.

59. — Gabriel

Les Gabriel ont un esprit subtil, mais une certaine langueur de tempérament.

Ils sont rêveurs, doux et mélancoliques, mais ils ont le cœur froid et ombrageux.

Très modérés dans leurs sentiments, ils agissent surtout par calcul.

Ils ont plus de confiance en autrui qu'en eux-mêmes.

Ils sont craintifs, soumis, dociles et respectueux.

Ils ne sont pas loquaces ; ils ne manquent pourtant ni d'intelligence ni d'esprit.

Faciles à entraîner dans le mauvais chemin, ils peuvent commettre des indélicatesses de sentiments, qui ne sont imputables qu'au manque de fermeté de leur caractère.

Ils sont plus sensuels que sentimentaux ; leur choix dans le mariage n'est pas toujours heureux.

TALISMANS : rhododendron, pourpre, brillant.

DEVISE : Aide-toi le ciel t'aidera !

HOMMES CONNUS AINSI PRÉNOMMÉS : d'Annunzio, Hanotaux.

60. Gaston

Ceux qui portent ce prénom sont hardis, audacieux ; ils ont même de l'astuce.

Ils ne sont pas de la catégorie de ceux qui s'intimident ; oh ! non ; ils sont à l'aise partout, sollicitent sans pudeur et récoltent avec satisfaction.

Ils trouvent que l'on n'en fait jamais de trop pour eux ; mais ils ne font jamais rien pour les autres.

Ils ont la parole persuasive, s'expriment avec faconde ; ils ne dédaignent pas le bluff. Ils savent se faire « mousser ».

Ils ne se sacrifient pas volontiers pour leur famille. Ils tiennent d'abord à leur bien-être personnel. Ce sont des gens de façade, qui aiment à bien représenter dans la société.

Ils sont plus aptes aux carrières administratives qu'aux arts ou aux sciences.

TALISMANS : turquoise, bleu, bleuet.

DEVISE : Le devoir avont le plaisir !

HOMME CONNU AINSI PRÉNOMMÉ : Boissier.

61. Georges

Saint-Georges, habile cavalier, pour sauver une femme, terrasse le démon ; on ne peut s'empêcher de rapprocher la réalité de la légende ; et l'on est amené à constater les faiblesses du beau sexe pour les hommes qui ont reçu ce prénom.

Le fait est qu'ils le portent avec allure, avec distinction et même avec noblesse.

Ils ne sont pas de ceux, pourtant, qui jonglent avec les compliments, et ne doivent leur succès qu'à la flatterie dont ils abusent.

Non, ils ont en eux cette séduction cavalière qui plaît aux femmes; et elles leur pardonnent leurs brusqueries.

Car ces hommes à qui sourit si facilement la victoire ont un caractère incommode ; ils sont nerveux, capricieux et changeants... comme de jolies femmes.

Ils ne sont pas toujours constants dans leurs sentiments ; s'il leur arrivent de s'attacher, ils ne peuvent s'empêcher de faire souffrir.

Ils sont extrêmement versatiles dans leur humeur et par cela même leur caractère est plus difficile à analyser que tout autre. Ce sont des natures compliquées.

La vivacité et la douceur se mélangent en eux ; et ils sont capables de beaux élans, de générosité et de bonté. Ils aiment taquiner, mais leur âme est cependant accessible à la pitié.

Ils ont une imagination féconde, ils ont confiance en eux, avec des accès de pessimisme et d'inquiétude.

Ils sont actifs, remuants, débrouillards, capables d'heureuses initiatives, doués de grandes facultés d'assimilation. Ils ont le travail facile.

Ils sont plus voluptueux et sensuels que sentimentaux et tendres.

Talismans : gris, lin, aventurine.

Devise : Sois fidèle !

Hommes connus ainsi prénommés : Bizet, Dufayel, Byron, général Boulanger, Clémenceau, Cuvier, Danton, Ohnet.

―――――

62. Gérard

Ce prénom confère de l'originalité d'esprit, une nature sympathique, possédant une invidualité bien marquée, des dons naturels de premier ordre.

Ces qualités brillantes sont souvent gâtées par une insouciance extrême, un dédain des règles établies, un besoin de liberté et d'indépendance qui prime tout.

Ce sont des natures qui ne veulent en faire qu'à leur tête et n'être régies que par leurs caprices.

Les Gérard aiment le beau et le rare ; ce sont des idéalistes ; mais il leur manque de la pondération et de la sagesse.

Si aucune circonstance ne vient enrayer leurs instincts de bohème, ils peuvent s'égarer vers des abus pernicieux. Ils ont beaucoup d'amis.

Ce sont d'exquis amoureux, très voluptueux.

TALISMANS : malachite, échelle de Jacob, brun.

DEVISE : L'amitié me soutient !

HOMME CONNU AINSI PRÉNOMMÉ : Gérard de Nerval.

----

63. Germain

Volonté peu résolue, mais assez bien conduite. Plus de savoir faire que de savoir.

Chez les Germain, la tête domine le cœur.

Manque d'expansion qui est causé par la défiance. Intelligence claire. Esprit des affaires.

Les Germain sont âpres au gain et ambitieux d'argent.

Ils sont généralement de tempérament robuste et sanguin.

Ils aiment les plaisirs, les satisfactions matérielles.

Ils ont une bonne mémoire.

Ils savent faire faire aux autres ce qu'ils en attendent.

Très sensuels, ils peuvent être de bons maris. Il n'y a guère à craindre chez eux les coups de tête. Ils ont l'esprit de famille.

Talismans : pierre de lune, jaune, giroflée.

Devise : Rien sans peine !

Homme connu ainsi prénommé : Germain Pilon.

---

64. Gilbert

Ce prénom donne à ceux qui le portent un caractère égal, peu de vivacité, mais une activité continue.

Ils sont capables de ruse et de méchanceté,.

Leur volonté est suivie, parfois entêtée.

Ils ont un cœur affectueux, mais qui ne s'attache qu'avec prudence et circonspection.

Ils sont plus intéressés qu'orgueilleux et faciles à influencer.

Les Gilbert ont le sentiment du devoir.

Ils n'oublient ni le bien ni le mal qu'on leur fait et sont peu enclins au pardon.

Tempérament nerveux et sanguin.

Bons chefs de famille.

TALISMANS : rouge, rubis, fuschia.

DEVISE : Je veille !

---

65. Gontran

Les Gontran ont l'esprit souple et insinuant, une volonté impatiente qui aime à dominer.

Ce sont des impulsifs ; ils agissent très vite et ne réfléchissent qu'ensuite aux conséquences de leurs actes.

Ils ont un cœur passionné, mais plus d'expansion avec les étrangers que dans l'intimité.

Ils ont de la complaisance et de l'indulgence pour eux-mêmes.

De tempérament nerveux, de caractère vif, ils ne font rien avec calme.

Ils ont beaucoup d'imagination, et malgré cela des idées méthodiques.

Ils aiment le luxe et le confort ; ils sont portés au snobisme.

En amour, ils sont volages et superficiels ; ils plaisent souvent par leur « chic ».

TALISMANS : rouge, aloès, chrysolithe.

DEVISE : Sagesse et fidélité !

---

66. Grégoire

Les Grégoire ont une volonté persévérante, au service d'une bonne intelligence.

Ils sont généralement expansifs par rouerie et par habileté.

Ils ont de la suite dans les idées et savent dominer leur violence intérieure.

Ils ont un esprit appliqué, mais se contentent d'idées toutes faites.

Leur activité est ordonnée et fructueuse.

Leur sens pratique est quelquefois entravé par l'exagération.

Ils ont des inclinations matérielles et se surmènent souvent pour vivre davantage.

Ils sont de forte sensualité, sérieux dans leur ménage.

TALISMANS : vert sombre, arum, aigue-marine.

DEVISE : Sache modérer tes goûts !

---

67. Guillaume. — Guy

Ce prénom et son abréviatif, Guy, qui tend à devenir un nom différent, ont forcément la même origine, et impliquent les mêmes aptitudes.

Ceux qui sont ainsi prénommés sont habiles et adroits.

Leur intelligence est tournée vers les affaires ; ils excellent dans la finance et les métiers où l'on manie l'argent.

Ils préfèrent la fortune à la gloire ; ils cherchent pourtant à faire parler d'eux ; ils se singularisent soit par leur mise, soit par leurs idées subversives, en contradiction avec les idées de tout le monde.

Ils sont généreux et désintéressés dans la vie privée. Ce sont des fervents de sports et de culture physique. Ce sont de joyeux vivants, qui ne se blessent pas facilement. Ils ont un caractère accommodant.

En amour, ils ne sont pas toujours heureux et se contentent d'aventures banales. Voluptueux et sensuels, ils peuvent éprouver aussi des passions étranges

TALISMANS : rouge vif, grenat, amaranthe.

DEVISE : Sois toujours sincère.

HOMMES CONNUS AINSI PRÉNOMMÉS : Guillaume Dupuytren, Coustou.

Guy de Maupassant, Guy Patin.

---

68. Gustave

Générosité, bonté et parfois faiblesse de caractère.

Ame sensible, affectueuse, qui s'attache profondément.

Nature calme, ayant plus d'amour-propre que d'ambition.

Goûts simples, faciles à satisfaire.

Bonhomie, rondeur, enjouement.

Les Gustave sont aimables et dévoués à leurs amis, toujours prêts à rendre service.

Ils sont bienveillants, économes, mais ils manquent souvent d'ordre et de précision.

Ils ne sont ni guindés ni poseurs ; se moquent de la mode.

De tempérament sanguin, ce sont des amoureux sensuels, aux inclinations matérialistes.

TALISMANS : agate, brun, mimosa.

DEVISE : Tout vient à point !

HOMMES CONNUS AINSI PRÉNOMMÉS : Gustave Charpentier, Flaubert, Doré, Droz.

69. Hector

Ceux qui portent ce prénom sont honnêtes, consciencieux et doués de qualité d'observation.

Ils ont de la fermeté, de la décision.

Leur esprit simplificateur cherche la clarté.

De facultés bien équilibrées, ils ont de la franchise et de la discrétion.

Confiants en eux-mêmes, ils ont le caractère égal et savent modérer leurs désirs et leurs ambitions.

Ce sont des hommes sociables. Ils ont des vertus familiales.

Leur nature aimante est capable de profond attachement et de longue fidélité. Ils sont voluptueux et sensuels et il arrive que le démon féminin les tente.

TALISMANS : diamant, jaune d'or, hélianthe.

DÉVISE : Honneur et bonté.

HOMMES CONNUS AINSI PRÉNOMMÉS : Hector Malot, Giacomelli, Berlioz.

———

70. Henri

Ce prénom fournit des chances diverses ; une nature portée à l'opposition et à la taquinerie.

Les Henri sont instables dans leurs sentiments et leurs opinions.

Ils ont la science des chiffres et de tout ce qui en découle.

Ils sont mordants, caustiques et frondeurs ; mais cela ne dure pas.

Ils ont une nature sensible et aimante ; mais ils sont jaloux et exclusifs dans leurs affections, ce qui ne les empêche pas d'être souvent inconstants.

Ils ont une imagination vive et féconde ; leur cerveau assimile facilement ; mais ils sont rarement des novateurs ; ils savent plutôt profiter des leçons du présent et du passé.

De caractère vif, même emporté, ils ne sont pas commodes tous les jours.

Ils sont égoïstes, pensent à eux avant de penser aux autres et ne se sacrifient pas volontiers.

Ils aiment la gloire, mais ils aiment aussi l'argent et toutes les satisfactions qu'il apporte.

Ils sont à la fois idéalistes et matérialistes et partagent leur existence entre le rêve et la réalité. Ils vivent de l'un et de l'autre.

Ce sont des gens pratiques, malgré tout et quoiqu'ils s'en défendent.

Ils peuvent même être flatteurs, rusés et diplomates, un tantinet, si c'est leur intérêt.

Travailleurs et persévérants, ils arrivent la plupart du temps à faire leur chemin honorablement et même brillamment.

Ceux qui terminent leur nom par un *y* au lieu d'un *i* ont en sus de l'originalité, le désir de plaire et de se distinguer.

Très amateurs de beauté féminine, les Henri sont des amoureux ardents, passionnés, voluptueux et sensuels. Ils vont parfois jusqu'à la déliquescence.

TALISMANS : corail rose, jaune, ébénier.

DEVISE : Malgré tout !

Hommes connus ainsi prénommés : Rochefort, Turenne, Henry Bataille, Henry Bernstein, Henri Poincaré, Becque, de Bornier, Brisson.

---

71. Hippolyte

Ceux qui portent ce prénom aiment la chasse, les sports, la vie de plein air, le calme de la campagne.

Ils sont farouches et sauvages ; ils fuient la société ; ils ont le goût de la solitude. Ils se plaisent en tête-à-tête avec eux-mêmes.

Ils parlent peu ; ils sont concentrés, pensifs et réfléchis.

Ils n'entreprennent rien à la légère et succombent difficilement aux séductions de l'existence. Cependant la vie leur tend parfois des pièges où ils tombent sans pouvoir les éviter.

Ils sont peu capables de passions ; mais peuvent ressentir un attachement durable. Ils savent dominer leurs sens et réfréner leurs désirs.

Talismans : nénuphar, vert pâle, turquoise.

Devise : Vertu surpasse tout !

Homme connu ainsi prénommé : Taine.

72. Honoré

Ceux qui ont reçu ce prénom en partage ont une volonté robuste, une foi inébranlable dans leur réussite finale. Ils tâtonnent au début de leur vie, cherchent la voie qui leur convient ; quand ils l'ont trouvée, aucun échec ne peut les décourager.

Ils ont le goût des spéculations hardies ; ils aiment à brasser des affaires ; et leur amour de l'argent n'égale que leur soif de gloire.

De caractère énergique, ils sont capables d'un labeur opiniâtre, acharné.

Leur existence est souvent agitée, tumultueuse ; ils connaissent les embarras d'argent.

Ils sont honnêtes et consciencieux.

Idéalistes et matérialistes à la fois, ils ont les sens toujours en appétit.

TALISMANS : sardoine, cramoisi, rose rouge.

DEVISE : Quand même !

HOMMES CONNUS AINSI PRÉNOMMÉS : Daumier, Honoré de Balzac.

73. Hugues

Ceux qui portent ce prénom ont un esprit froid, mesuré, réfléchi, capable d'énergie et de souplesse.

Ils ont de l'habileté, de la finesse, ils sont fidèles à leurs idées, à leurs sentiments, ils ont le culte du souvenir.

D'intelligence profonde, ils ont des tendances réalistes et matérialistes, tout en possédant un grand fonds de poésie et d'idéalisme.

Ils ne sont ni fiers ni hautains, mais toujours simples, à la bonne franquette, charitables et généreux.

Ils ont une haute conception de l'honneur et il est dangereux, sur ce terrain, de les braver.

Ils n'aiment réellement qu'une seule fois, de toute leur âme et ils se permettent rarement l'infidélité.

Ils sont sensuels et voluptueux.

TALISMANS : hyacinthe, rouge, anémone.

DEVISE : Souviens-toi !

HOMME CONNU AINSI PRÉNOMMÉ : Hugues Lapaire.

74. Isidore

Prénom qui confère une parole persuasive, un esprit intuitif, pénétrant et mobile.

Intelligence vive, mais fugitive qui considère l'étude comme une sujétion et n'aime pas à s'y soumettre.

Brillantes qualités qui se dispersent et ne sont pas toujours fructueuses.

Goûts artistiques et facultés inventives.

Les Isidore ont une tendance à entreprendre bien des choses sans les faire aboutir.

Poseurs et prétentieux, ils ont de l'ambition, de l'orgueil, un amour-propre chatouilleux.

Tempérament vif et nerveux, passionné et voluptueux.

Talismans : rubis, bleu indigo, figuier.

Devise : Parle mais écoute !

75. Jacques

Des dons nombreux, des qualités brillantes accompagnent ce prénom qui, après avoir été populaire, au Moyen Age, tend à devenir aristocratique, de nos jours.

Ceux qui le portent ont des sentiments nobles et

généreux, de la distinction innée, une grande séduction morale et physique.

Leur gravité est plus apparente que réelle ; elle se mélange, dans l'intimité, à un enjouement tendre et primesautier, mais qui est de courte durée.

Quelque peu mélancoliques et désenchantés, les Jacques sont hautains, fiers et dédaigneux.

Ils ont l'orgueil de leur situation ou de leur race et ne condescendent pas à s'humilier en regardant au-dessous d'eux.

Ils sont idéalistes et pratiques. Ils aiment la contemplation ; ce sont des admirateurs de la nature et de ses manifestations qu'ils observent avec finesse. Ils ne dédaignent pourtant pas les séductions de la vie fiévreuse des hommes. Ils aiment le progrès, le luxe, le confort.

Ils sont courageux, travailleurs et mettent à profit leur intelligence sérieuse, qui se plaît à approfondir.

Ce sont des amoureux fervents et tendres, passionnés et voluptueux, très délicatement sensuels.

Ils ont des bonnes fortunes nombreuses et en témoignent une certaine vanité.

TALISMANS : topaze, vert, aubépine.

DEVISE : Viser haut !

HOMMES CONNUS AINSI PRÉNOMMÉS : J. Cœur, Amyot, Callot, Cartier, Necker, Offenbach.

---

76. — Jean

Ce prénom, très répandu, confère des qualités bien françaises, qui symbolisent le tempérament de notre race.

Les Jean sont francs, généreux, enthousiastes.

Ils sont audacieux, épris d'indépendance, de liberté, d'idées nouvelles.

Effervescents, avec même une tendance à la révolte, dans leur jeunesse, ils se calment avec l'âge, acquièrent de la pondération.

Il y a en eux, dans la jeunesse, une force, un besoin de vivre, qui se manifestent jusqu'à l'exubérance.

Ils ont de la sensibilité, de la bienveillance, de la sociabilité.

Leurs facultés sont bien équilibrées ; leur caractère est égal et ferme ; mais ils aiment le tumulte.

De tempérament nerveux et sanguin, ils sont aptes à la fois aux travaux manuels et aux travaux intellectuels. Ils ont une volonté bien arrêtée, de l'entrain, de la gaieté, de la rondeur et de la bonhomie,

Ils ont plus d'amour-propre que d'ambition. Ils savent amasser leur gain et conserver leurs bénéfices.

Ils ont une tendance à l'opposition, mais sans méchanceté ; ils se plaisent à contredire et à dominer.

Au fond, ils sont faciles à mener quand on les tient, on en fait ce qu'on veut.

Ils sont sujets aux passions amoureuses. Pour une femme, ils peuvent faire bien des bêtises. Ils sont à la fois sentimentaux, voluptueux et d'une sensualité ardente, que rien ne peut réfréner.

Matérialistes en même temps qu'idéalistes, ils ne dédaignent pas les autres jouissances de l'existence, et font honneur à une bonne table.

Talismans : blanc, acanthe, émeraude.

Devise : Epargne vaut richesse !

Hommes connus ainsi prénommés : d'Alembert, Jean Richepin, Jean Goujon, Jean-Paul Laurens, Jean-Paul Marat, Molière, Jean Dupuy, Carpeaux, Colbert, Carot, Gutenberg, Racine, Rameau, La Fontaine, Calvin, La Bruyère, Lannes.

Souvent, on ajoute à Jean un autre prénom, ce qui amène une fusion des qualités et des défauts afférents à chacun d'eux ; c'est même le second prénom qui tend à l'emporter sur le premier.

Pour Jean-Marie, Jean-Paul et Jean-Pierre, par exemple, il y a donc lieu de se reporter à la signification propre de Marie, de Paul et de Pierre.

---

77. Joseph

Ce prénom confère un caractère naïf et débonnaire, peu entreprenant, routinier, mais entravé par l'incertitude, la timidité et la crainte.

Les Joseph sont fidèles à leurs habitudes ; ils ont une vie rangée, réglée ; ils sont économes jusqu'à l'avarice.

D'une sobriété monastique, ils ont aussi peu de besoins que possible.

Ils sont sédentaires ; ils aiment leur terroir et s'en éloignent rarement.

Leurs sens sont calmes et ils peuvent vivre dans le célibat sans éprouver de tentations ; ils sont même austères au point de repousser les séductions qui s'offrent.

Dans le travail, ils sont bûcheurs, tenaces, opiniâtres.

TALISMANS : bleu, aconit, tourmaline.

DEVISE : Peu me satisfait !

Hommes connus ainsi prénommés : Delambre, Garibaldi, Jacquard, Bara.

---

78. Jules-Julien

Ce prénom de Jules fut très en faveur sous le second Empire et produisit une génération d'hommes ardents, prompts, libéraux, aux idées larges et généreuses.

Les Jules sont des travailleurs féconds,. habiles, ingénieux.

Leur esprit a de la clarté, de la profondeur et de l'aisance en même temps que de la subtilité et de la délicatesse.

Depuis quelques années, un certain discrédit pèse sur ce prénom comme sur celui d'Alphonse et c'est dommage, car il représente d'heureuses qualités.

Nature sympathique, droite, juste, équitable, pratique malgré tout.

Prudence et décision. Imagination vive, facilités de réalisation.

Simplicité plus apparente que réelle. Goût de l'aisance et du confort, plutôt que du luxe

Sensualité voluptueuse, sentimentalité jalouse.

Attitude correcte, sans pose ni prétention.

TALISMANS : turquoise, vert, réséda.

DEVISE : Bien faire et laisser dire !

HOMMES CONNUS AINSI PRÉNOMMÉS : Verne, Sandeau, Chéret, Michelet, Dalou, Favre, Ferry, Grévy, Barbey d'Aurevilly, Bastien-Lepage, Breton, Jules Simon, Jules Mary, Jules Lemaître.

———

La personnalité des Jules se modifie pour les Julien. Elle comporte une individualité moins marquée, moins d'énergie dans la lutte, mais plus de douceur ; moins de profondeur dans l'esprit, mais plus d'idéalisme.

Les Julien ne voient pas les choses d'une façon aussi pratique.

Ils sont plus passionnés et subissent violemment l'entraînement des sens. Ils ont plus de recherche dans leur tenue.

TALISMANS : rouge, châtaignier, cornaline.

DEVISE : Espoir quand même !

79. Laurent

Ce prénom confère un mélange de faiblesse et d'obstination, une volonté moyenne mais suivie.

Ceux qui le portent ont l'intelligence prompte ; ils cherchent à imposer leurs idées et sont pourtant très faciles à influencer.

Ils ont des tendances à l'intrigue et réussissent souvent dans le commerce et dans la politique.

Chez eux, la tête conduit le cœur. Leur franchise n'exclut pas une certaine habileté.

Facultés bien équilibrées.

Caractère un peu taquin.

Aptitudes pour l'organisation.

Hommes surtout pratiques, les Laurent sont des amoureux sensuels. Ils ne perdent pas leur temps à faire des déclarations : ils vont droit au but.

Talismans : topaze, laurier-rose, rouge.

Devise : Pas de détour !

Léon

Ceux qui portent ce nom sont vifs, actifs, remuants, pétillants et malicieux.

Ils ont l'esprit souple et persévérant à la fois ; ils sont fins et diplomates.

Capables d'inspirations élevées, ils imposent leurs idées par leur enthousiasme communicatif et la chaleur de leur conviction.

Ils ont du courage, de l'intrépidité, de la bravoure même, au service d'une volonté de fer.

S'ils parviennent aux honneurs, ils s'en réjouissent pour leur famille plutôt que pour eux. Ils sont même capables d'y renoncer pour vivre plus simplement et dans le calme.

Leur intelligence est claire, mesurée, pondérée.

Ils sont aussi ardents amoureux qu'hardis travailleurs ; mais leur attachement ne va pas sans jalousie.

TALISMANS : cornaline, écarlate, amaranthe.

DEVISE : Contentement passe richesse !

HOMMES CONNUS AINSI PRÉNOMMÉS : Léon Gambetta, Léon Bourgeois, Léon XIII, Bonnat.

81. Léopold

Ce prénom confère une volonté fléchissante, capable de bravoure, mais par coups de tête.

Tendance à la présomption, à la **vanité**. Manque d'esprit de suite.

Orgueil immodéré, confiance en soi qui n'est pas toujours fondée.

Les Léopold ont des prédominances matérialistes et pourtant ils posent volontiers au bel esprit.

Ils ont de la naïveté, de la crédulité. L'argent les fascine et ils courbent volontiers l'échine pour se créer des sources de profit.

Ils sont emphatiques et se croient éloquents ; pédants, ils se croient **érudits**.

En amour, ils affichent plus de sentiments qu'ils n'en ont réellement ; ils sont surtout sensuels.

TALISMANS : émeraude, orangé, myrthe.

DEVISE : Richesse donne hardiesse !

82. Lionel

Ce prénom est difficile à porter ; il exige de l'élégance, de la distinction, de la noblesse, du chic enfin, du chic nuancé de snobisme même.

Les Lionel sont fats, satisfaits de leur physique, prétentieux et d'esprit superficiel.

Ils aiment la blague légère, l'esprit du boulevard, les petites femmes à la mode, étincelantes et fardées.

Ils ne se torturent ni le cœur ni le cerveau à mener des intrigues amoureuses ; ils cueillent la passion qui s'offre sans jamais s'y attarder. Ils font souffrir les femmes.

Ils ont une volupté plus feinte que réelle ; ils aiment les plaisirs et la fête.

TALISMANS : bleu, saphir, hortensia. .

DEVISE : A l'aventure !

---

83. Louis

Ce prénom qui a fourni à la France sa plus longue dynastie de rois, est très répandu, surtout dans la bourgeoisie et le peuple. Ils confère des qualités multiples et diverses, qui se combinent heureusement chez les uns et se dispersent chez les autres..

Ils ont la plupart du temps une grande activité et l'intelligence des affaires, une volonté très vive, mais qui manque parfois de soutien. Ils aiment cependant à dominer.

Ils ont de la suite et de l'ordre dans les idées ; ils

sont orgueilleux, expansifs et consciencieux ; ils ont de l'amour-propre.

Leur besoin de confiance peut s'unir à une certaine défiance.

Ils sont plus sensibles qu'impressionnables, capables d'élans généreux, de bonnes actions.

Ils se contentent des idées toutes faites, ils les cultivent, les entretiennent, mais sont rarement des novateurs.

Leur imagination est peu productive ; ils peuvent avoir néanmoins d'heureuses initiatives.

Doués de sens critique et de facilités d'assimilation, ils sont plus déductifs qu'intuitifs.

Ils ont la conscience de leurs devoirs et sont des citoyens soumis et policés.

Ils peuvent avoir de la finesse et de la ruse ; de la bravoure aussi, en souvenir de tous les Louis d'autrefois qui se distinguèrent à la guerre.

Certains d'entre eux gâtent leurs qualités nombreuses par l'indécision, la difficulté qu'ils ont à prendre un parti catégorique.

Généralement prolifiques, les Louis se marient souvent plusieurs fois, ou ils ont dans leur vie plusieurs liaisons sérieuses.

Ils sont très sensuels et peuvent même se laisser entraîner à des dérèglements amoureux.

TALISMANS : jade blanc, jaune d'or, angélique.

DEVISE : Je maintiendrai !

HOMMES CONNUS AINSI PRÉNOMMÉS : Pasteur, Saint-Simon, Barrias, Blanc, Bourdaloue, David, Desaix.

---

84. Lucien

Ceux qui ont reçu ce prénom ont de la décision et de la fermeté ; ils sont sûrs d'eux-mêmes et tranchent dans le vif, en se faisant souvent la plus large part.

Ils aiment la représentation, le faste, la gloire, les honneurs, tout ce qui flatte leur orgueil, qui est immense.

Ils ont une excellente opinion d'eux-mêmes et parlent avec assurance. Ils affichent le j'menf chisme, l'indifférence et le cynisme.

Ils sont égoïstes, cruellement ambitieux. Ils veulent parvenir coûte que coûte et se servent pour cela, s'il le faut, de leurs bonnes fortunes qu'ils délaissent ensuite. Mais un jour vient où la femme prend sa revanche.

Ils sont passionnés et sensuels.

TALISMANS : capucine, jaune, opale.

Devise : Gloire, honneur !

Homme connu ainsi prénommé : Lucien Guitry.

---

85. Ludovic

Ce prénom donne un esprit superficiel, mais séduisant, de la finesse et de la perspicacité, une imagination gracieuse.

Ceux qui se nomment ainsi ont une volonté soutenue, un cœur chaud et beaucoup de réserve.

Ils agissent plus volontiers et d'une façon vraiment fructueuse quand ils se sentent appuyés par une amitié solide.

Ils sont gais, ironiques, tendres, mais peu sentimentaux. Ils ont la parole agréable et facile.

Ils aiment les aventures, les voyages ; ce sont des observateurs scrupuleux.

En amour, il leur faut de la diversité et du changement ; ils se lassent vite. Ils sont très voluptueux.

Talismans : bleu sombre, turquoise, bluet.

Devise : Espoir en l'amitié !

Hommes connus ainsi prénommés : Ludovic Halévy, Ludovic Naudeau.

86. Marc

Ce prénom confère plus d'amour-propre que d'orgueil, de grandes facultés d'assimilation, une intelligence bien douée.

Ceux qui le portent sont généralement superstitieux. Le merveilleux, le surnaturel les attire.

Ce ne sont cependant pas des esprits faibles, loin de là ; ils ont de l'énergie, de la volonté de travail et de réalisation.

D'imagination féconde, ils sont capables de trouver des idées fructueuses.

Ce sont des gens pratiques, endurants, qui excellent à diriger, organiser ou gouverner.

Fidèles à leurs sentiments, les Marc font de bons époux. Ils sont de sensualité moyenne.

TALISMANS : rouge, géranium, cornaline.

DEVISE : Le devoir avant tout !

HOMMES CONNUS AINSI PRÉNOMMÉS : Marc-Aurèle, Marc-Antoine.

87. Marcel

Ce prénom confère beaucoup de force, d'énergie, un caractère martial, sous une apparence aimable, qui ferait juger du contraire.

Idéalistes et pratiques, les Marcel ont un esprit pondéré, méthodique, sûr de soi.

Ils ont de l'ardeur au travail, de la ténacité, le désir d'arriver ; mais ils n'emploient pour cela que leurs propres moyens.

Leur générosité naturelle leur interdit toute intrigue sourde ; ils vont au but tout droit, sans détours, franchement, délibérément.

Ils ne se contentent pas des idées toutes faites ; ils ont les leurs et aiment à les répandre.

En amour, ils sont tendres, sentimentaux, voluptueux.

TALISMANS : rouge; crocus, rubis.

DEVISE : Je vais tout droit !

HOMMES CONNUS AINSI PRÉNOMMÉS : Marcel Prévost, Marcel Sembat.

88. Marcelin

Ceux qui ont reçu ce prénom ont un cerveau plus réfléchi que spontané, un esprit très systématique.

Ils déguisent leur habileté sous une extrême simplicité ; ils ont cependant le désir des honneurs et de la fortune.

Chez eux, la tête gouverne le cœur.

Ils ont une grande ténacité et le goût du travail.

Ils ont plus de patience et d'habileté que d'ardeur combative.

Leur cerveau est organisé pour la pensée et pour l'action. Ils réussissent grâce à leurs efforts conciencieux.

Ils ne sont pas capables de tendresse, mais d'un profond et solide attachement. Ils ont une certaine dose de sensualité.

TALISMANS : grenat, rouge foncé, dahlia.

DEVISE : Tout par labeur !

HOMME CONNU AINSI PRÉNOMMÉ : Marcelin Berthelot.

89. Marie

Ce prénom donne de l'élévation, de la distinction d'esprit et de pensée ; mais un caractère faible, manquant de décision et de résolution.

Les Marie sont doux, soumis, tendrés, aimants et affectueux, très pitoyables aux maux d'autrui.

Ce sont d'exquis amoureux, délicats, rêveurs et mélancoliques, en même temps qu'ardemment voluptueux.

Le nom de Marie se donne rarement seul et alors, il subit l'influence du nom qui le suit ou qui le précède. Les Jean-Marie, par exemple, sont assez nombreux et la personnalité du nom de Jean se mélange alors avec celle de Marie ; elles se modifient l'une d'autre ; le premier donne au second l'énergie et la résolution qui lui manquent.

TALISMANS : émeraude, rose rose.

DEVISE : douceur et bonté !

HOMMES CONNUS AINSI PRÉNOMMÉS : Marie-Joseph Chénier, de Lafayette.

90. Maurice

Ce prénom rend ceux qui le portent spirituels et mordants. Il y a cependant en eux, surtout dans la prime jeunesse, un fond de timidité qu'ils ont de la peine à combattre quand ils avancent en âge.

Ils ne sont pas souvent ordonnés, même s'ils le paraissent.

Ils sont fidèles à leurs opinions.

Ils aiment beaucoup le jeu, c'est leur principale passion. Ils doivent s'en méfier, elle peut les conduire dans de mauvais chemins.

Ils ont une imagination vive, féconde en projets, mais peu apte à les réaliser.

Ils ont le goût des voyages et du changement.

Ce sont des matérialistes ; ils préfèrent la réalité au rêve et goûtent à toutes les satisfactions de l'existence.

TALISMANS : Noir, cinéraire, jais.

DEVISE : Au hasard !

HOMMES CONNUS AINSI PRÉNOMMÉS : Donnay, de Saxe, Barrès.

91. Maxime
92. Maximilien
93. Max

Ces trois prénoms confèrent à peu près les mêmes qualités et les mêmes défauts :

Idées généreuses, tendances altruistes, mais besoin de se faire prévaloir et de dominer.

Ceux qui se nomment ainsi sont jaloux des succès d'autrui ; ils voudraient accaparer pour eux-mêmes le succès, la réussite, la gloire et l'argent. Ils ont le goût des grandeurs.

Ils sont poseurs, toujours mis avec infiniment de recherche ; leur élégance est froide et compassée.

Ils ont la parole courte, l'esprit concis et précis, de l'amour-propre et de l'orgueil.

Ils ont aussi une immense ambition par soif de luxe et de richesse ; ils peuvent même en être les victimes.

Ils sont habiles, méfiants et rusés.

Ils aiment la vie et tous les plaisirs qu'elle offre, la femme surtout.

TALISMANS : jaune, topaze, anthémise.

DEVISE : Je monterai plus haut !

HOMMES CONNUS AINSI PRÉNOMMÉS : Sully, Maximilien Robespierre, Maximilien d'Autriche, Maxime du Camp, Max Linder.

―――――――――

94. Michel

Ceux qui sont ainsi nommés sont doués de souplesse intellectuelle et d'une remarquable assimilation.

Ils agissent plus par inspiration que par réflexion, car leur esprit est impulsif et primesautier.

Railleurs et sceptiques, ils sont cependant sentimentaux et voluptueux. Leur volonté est énergique, mais ils agissent spontanément. Ils ont de l'imagination et de l'enthousiasme.

Positivistes, ambitieux, ils s'adaptent rapidement les idées d'autrui. Ils ont le sens administratif.

TALISMANS : rouge vif, tabac cultivé, topaze

DEVISE : Vois, écoute, agis !

HOMMES CONNUS AINSI PRÉNOMMÉS : de l'Hospital, Montaigne, Ney, Michel Ange.

―――――――――

95. **Nicolas**

Les hommes qui sont ainsi prénommés sont fiers ; ils ont un jugement ferme et sûr, mais de la froideur et même parfois de la sécheresse.

Ils ont la critique facile, mais ils pèchent par excès de méthode.

Ils ne sont pas facilement accessibles à la pitié. Ils sont essentiellement conservateurs dans leurs idées et leurs principes ; ils admettent ce qui existe sans rien vouloir y changer.

Ils ont plus de raison que de cœur.

Ils sont parfois malicieux et agressifs ; mais dans les rapports avec autrui plutôt que dans l'amitié ; ils sont attachés à leur famille et à leurs amis.

Ils aiment la vie calme et tranquille, sans faste. Ce sont des amoureux tempérés, à l'abri de tout orage passionnel.

TALISMANS : émeraude, anémone, rouge.

DEVISE : Sois modeste en tes goûts !

HOMMES CONNUS AINSI PRÉNOMMÉS : Nicolas Boileau, Copernic, Fouquet, Nicolas II de Russie, Machiavel. Poussin.

96. Octave

Ce prénom confère l'amour du travail, une opiniâtreté qui se trace sa voie lentement, mais sûrement.

Les Octave ne sont ni inventifs, ni curieux ; ils ont cependant de la netteté, de la finesse d'esprit.

Ils ont de la vigueur et de la souplesse intellectuelle, mais ils manquent de chaleur communicative ; ils sont guindés, factices, ils aiment le convenu, l'artificiel et le superficiel.

Ils manquent d'originalité, mais ils ont néanmoins des qualités précieuses, susceptibles de se réaliser fructueusement.

Ils sont idéalistes, mais ne dédaignent point la volupté amoureuse.

TALISMANS : jaune, souci, topaze.

DEVISE : Chi va piano va sano.

HOMME CONNU AINSI PRÉNOMMÉ : Octave Feuillet.

---

97. Oscar

Ce prénom confère une imagination vive, mais qui manque de méthode et se disperse sans fruit.

Volonté insuffisamment soutenue. Agitation sans profit.

Besoin d'argent qui peut conduire à des dérèglements et même à l'abus d'amitiés complaisantes.

Goût des spéculations, des entreprises hasardeuses, des déplacements et des voyages sur eau.

Les Oscar doivent se méfier de l'attirance que les plaisirs exercent sur eux, car ils sont passionnés ; chez eux, le cœur et les sentiments dominent la tête.

Talismans : rubis, soleil, jaune d'or.

Devise : Ecoute la sagesse !

Homme connu ainsi prénommé : Oscar Wilde.

---

98. Paul

Ce prénom, très répandu aujourd'hui, surtout dans l'aristocratie et la bourgeoisie, a fourni des talents notoires dans les différentes branches de l'activité humaine.

C'est qu'il confère des aptitudes multiples et variées et qui se modifient suivant les circonstances, l'éducation ou l'atavisme.

Certains possèdent à un haut degré la maîtrise

de soi, une froideur extérieure qui dissimule une grande vivacité d'impressions.

Ils ont un esprit profond, indépendant de la noblesse d'âme ,des sentiments délicats et affinés, mais ils manquent de confiance en eux-mêmes.

Leur intelligence se plaît à analyser les sentiments, à fouiller les âmes ; ils ne sont pas expressifs dans l'intimité, mais plutôt concentrés.

Idéalistes et passionnés, ils ont parfois des idées enthousiastes et les manifestent. Ils sont fidèles aux idées qui leur ont été inculquées et à la ligne de conduite qu'ils se sont tracée.

Chez d'autres Paul, les facultés sont équilibrées avec moins de sagesse ; ceux-là ont aussi une intelligence profonde, s'assimilant facilement les connaissances les plus diverses ; mais ils manquent de pondération, d'esprit de suite pour les réaliser.

Ils mettent plusieurs choses en train et n'en terminent aucune. Ils aiment le labeur, mais ne travaillent que par à-coups. Ils sont jaloux des succès d'autrui, sans se rendre compte qu'ils ne font pas ce qu'il faut pour en avoir autant.

Ils sont orgueilleux, ambitieux ; ils aiment le faste, la vie large et sont très dépensiers.

Ce sont des viveurs, très portés sur le beau sexe, pour lequel ils commettent parfois pas mal d'extravagabdes, car ils ne savent pas résister à leurs passions.

TALISMANS : blanc, mignardise, agathe.

DEVISE : Chaque chose en son temps !

HOMMES CONNUS AINSI PRÉNOMMÉS : Féval, Doumer, Scarron, Véronèse, Verlaine, Kruger, Bert, Bourget, Paul Hervieu, Paul Broca, Paul de Cassagnac, Paul Déroulède, Paul Deschanel.

99 Philippe

Ce prénom confère une intelligence pratique, de la décision, le sens administratif.

Les Philippe sont très habiles, énergiques, hardis même, généreux et magnanimes, dès leur prime jeunesse.

Ils ont le goût de l'argent, des spéculations qui peuvent les entraîner dans de regrettables complications.

Ce sont de fervents sportmen ; ils aiment surtout les courses de chevaux et l'équitation.

Ils sont entêtés dans leurs idées et bravent au besoin l'opinion, en les affichant.

Ce sont des passionnés qui s'exaltent facilement pour une femme et vont jusqu'à l'enlèvement. Ils ont souvent plusieurs unions, surtout par incompatibilité d'humeur et besoin de changement. Ils sont quelque peu tyranniques, voluptueux et sensuels.

TALISMANS : rouge, églantine, sardoine.

DEVISE : Force diminue crainte !

HOMMES CONNUS AINSI PRÉNOMMÉS : Philippe de Girard, Philippe de Ségur, Philippe Villiers de l'Isle-Adam.

---

100. Pierre

Ce prénom indique la stabilité, l'équilibre dans les facultés, l'endurance, l'énergie créatrice.

Ceux qui le portent sont influencés par ces qualités primordiales attachées à leur nom ; ils peuvent cependant avoir des défaillances de volonté qui les conduisent à commettre une trahison dont ils ne tardent pas à se repentir.

Ce sont des travailleurs consciencieux. Quand ils n'ont pas le travail facile, ils s'acharnent et triomphent des difficultés.

Il y a en eux un besoin de réaliser, d'édifier, qui se manifeste brillamment chez les hommes d'élite.

Chez les autres, on voit le désir d'asseoir la situation pour le profit de la famille, des enfants, le goût de l'économie, du bas de laine lentement grossi.

Quand ils s'élèvent, les Pierre se laissent facilement séduire par le luxe, le désir de briller, de se faire de la réclame et alors, ils prennent des goûts dispendieux ; ils mènent la vie large et se font tirer l'oreille pour payer.

Ils sont généreux avec ostentation.

Simples et bons dans la pauvreté, ils peuvent devenir égoïstes dans l'opulence.

Ils sont mordants, railleurs et aussi flatteurs, peut-être, par intérêt.

S'ils ne sont pas serviables, c'est presque toujours parce qu'ils sont trop absorbés de leurs propres affaires.

Le trait le plus nettement défini de leur caractère et qui en fait la valeur, c'est la constance dans le travail, l'opiniâtreté qui ne se décourage pas.

Ce prénom a déjà fourni à la France de grands hommes et il faut souhaiter qu'il continue à être un des plus favorisés du choix des mères pour les solides qualités qu'il confère.

Peu soucieux d'élégance et de distinction, dans la classe populaire, où leur prénom abonde, les Pierre ont, dans les classes supérieures, le goût de la toilette, ils apportent un soin extrême à leur mise, étudient leurs manières et acquièrent une aisance de bon ton ; ils sont empressés autour des jolies femmes.

Tous les Pierre aiment le beau sexe d'ailleurs, mais certains sont gênés par la timidité auprès de celles qui les ont charmés. Ils sont très sensuels, mais ils craignent les aventures amoureuses. Ils ne sont pas toujours fidèles à leur épouse.

TALISMANS : vert, réséda, jaspe.

DEVISE : Pierre à pierre se fait le mur !

---

10 . Prosper

Ceux qui portent ce prénom sont défiants, sceptiques, voire même cyniques.

Ils ont une tendance à voir les choses en noir ; ils sont pessimistes. Ce n'en sont pas moins des amis sûrs, obligeants et dévoués.

Ils ont une intelligence profonde, le goût du savoir, des langues étrangères.

Leur caractère attend la lutte plutôt qu'il ne se précipite dans la mêlée.

Ils attendent patiemment leur tour. Ils ne sont pas

d'une ambition excessive et savent modérer sagement leurs désirs.

Ils ont de l'amour-propre plutôt que de l'orgueil. Ils font bien ce qu'ils font, pour leur satisfaction personnelle.

Ils peuvent éprouver de violentes passions ; ils sont pourtant d'une sensualité mesurée.

TALISMANS : marbre, rouge, grenadier.

DEVISE : J'espère !

HOMME CONNU AINSI PRÉNOMMÉ : Prosper Mérimée.

---

102. Raoul

Ce prénom donne une volonté forte et résolue, un cœur chaud, une nature loyale.

Ceux qui le portent ont de la distinction et de la dignité sans orgueil.

Caractère sûr, de bon conseil, capable de dévouement, mais avec des moments difficiles.

Les Raoul sont actifs, indépendants et savent se débrouiller sans l'aide de personne. La protection les humilie, mais ils protègent volontiers eux-mêmes.

Ils sont francs et assez expansifs.

Ils ont des inclinations voluptueuses et sensuelles plutôt que sentimentales. Ce sont des amoureux pleins d'ardeur.

TALISMANS : bleu, bluet des blés, saphir.

DEVISE : Fais ce que dois !

HOMME CONNU AINSI PRÉNOMMÉ : Raoul Ponchon.

103. Raymond

Ceux qui portent ce prénom aiment la représentation, les honneurs.

Ils affectent plus de gravité et de froideur qu'ils n'en ont en réalité. Ils aiment à se donner une allure hautaine et distante, pour mieux s'imposer.

Ils ont de l'orgueil, une ambition qui n'est pas toujours en rapport avec les moyens dont ils disposent.

Ils sont parfois aussi faiseurs et vantards pour le besoin de paraître plus qu'ils ne sont.

Ils ont des élans de générosité, mais ils savent très bien faire la part de ce qu'ils peuvent donner et de ce qu'ils doivent garder.

Ce sont des gens modérés en tout, dans leurs sentiments comme dans leurs passions, de sensualité moyenne.

TALISMANS : châtaignier, grenat, tournaline.

DEVISE : Chaque chose en son temps.

HOMME CONNU AINSI PRÉNOMMÉ : Raymond Poincaré.

---

104. Rémy

Ceux qui portent ce prénom ont plus de cœur que de tête.

Ils sont actifs, remuants, impressionnables, sujets à l'inquiétude.

Impulsifs, ils obéissent au premier mouvement et la réflexion ne leur vient qu'ensuite.

Ils sont assez débrouillards et capables de s'obstiner dans la lutte.

Leur intelligence est prompte, mais fugitive.

Ils sont expansifs, mais processifs, chicaniers, avec une tendance à la rancune. Ils sont prévoyants.

Matérialistes, ils aiment le confort, la table et l'amour. Ils sont voluptueux et passionnés.

TALISMANS : vert, azalée, émeraude.
DEVISE : Prévoir c'est pouvoir !

---

105. René

Ceux qui sont ainsi prénommés sont orgueilleux, ambitieux, ironiques, capricieux et changeants, mais très bien doués.

Ils sont susceptibles, un rien les froisse, ils prennent difficilement une résolution, il y a toujours en eux un doute, une inquiétude, ils sont ordonnés, minutieux et pointilleux.

Naturellement économes, ils peuvent être généreux pour rehausser leur prestige.

Ils changent d'opinion dans leur jeunesse ; mais à l'âge adulte, leur cerveau s'affermit et devient stable.

Ils imposent alors leurs idées avec une énergie qui peut friser à la persécution.

Amis loyaux et dévoués, ils sont dans l'intimité exigeants et difficiles. Ce sont des maris grincheux.

Idéalistes, voluptueux et passionnés, ils se marient par amour.

TALISMANS : blanc, rose blanche, grenat.

DEVISE : Qui ne sème ne recueille !

HOMMES CONNUS AINSI PRÉNOMMÉS : René de Châteaubriand, René Bérenger, René Descartes, René Waldeck-Rousseau, Duguay-Trouin, René Bazin.

106. Richard

Ce prénom confère un esprit ardent, qui a soif de conquérir et de posséder et passe de l'excès de confiance en soi-même à l'excès d'abattement.

Ceux qui se nomment ainsi ont pourtant de l'énergie, du courage, mais par accès.

Ils sont présomptueux et s'échappent parfois d'une douceur presque indolente pour sévir avec brutalité.

Ce qui leur manque, c'est la modération, le sentiment du juste milieu.

Ils sont apathiques, sans volonté, puis brisants et autoritaires.

Ils peuvent être braves jusqu'à la folie. Ils ont le cœur sec et cruel.

En mariage, ce sont des tyrans, jaloux, méfiants, avec des moments de tendresse exquise. Ils sont très sensuels.

TALISMANS : Topaze, hortensia, bleu.

DEVISE : Volonté est mon droit !

HOMMES CONNUS AINSI PRÉNOMMÉS : Richard Wagner, Richard Cœur de Lion.

---

107. Robert

Ce prénom donne un esprit agréable, séduisant, mais léger et superficiel.

Intelligence brillante, mais qui s'assujettit difficilement au travail et n'approfondit pas.

Bonne mémoire et grandes facultés d'assimilation, plus de savoir-faire que de savoir réel.

Ceux qui se nomment ainsi sont habiles à profiter de l'occasion et des idées du jour.

Ils s'intéressent aux choses de l'art, mais ils aiment encore plus l'argent et les satisfactions qu'il donne.

Ils sont orgueilleux, parfois jusqu'à la présomption, ils ont une très bonne opinion de leur personne.

Ils sont capables d'attachements profonds, ils aiment avec leur cœur et avec leurs sens.

TALISMANS : blanc, pivoine blanche, saphir.

DEVISE : Rien à l'aventure !

Hommes connus ainsi prénommés : Robert Schumann, Robert de Flers, Robert Surcouf.

---

108. Rodolphe

Ce prénom confère une intelligence ouverte, un cœur grand et magnanime, un esprit juste et fin, souvent gâtés par une humeur inconstante et un tempérament agité.

Les Rodolphe manquent de résistance morale, les difficultés les effraient ; ils ont un peu peur de la vie ; il en résulte de continuelles hésitations, une mélancolie vague qui entravent l'énergie et l'empêchent parfois de fructifier.

Ce sont des idéalistes, qui voudraient vivre dans le rêve et que rebute le terre-à-terre de l'existence humaine. Ils ont le goût de l'étude et une excellente mémoire.

Ils font rarement œuvre forte, œuvre personnelle, mais ils peuvent cependant quand leur volonté prend le dessus, s'adapter aux circonstances et en profiter brillamment.

Ce sont surtout des passionnés ; l'amour peut leur faire faire des folies.

TALISMANS : rose, rose jaune, corail rose.

DEVISE : De savoir vient avoir !

HOMMES CONNUS AINSI PRÉNOMMÉS : Archiduc Rodolphe, Rodolphe Bringer.

―――――――――

109. Roger

Roger, dit la légende, délivra Angélique menacée par un monstre. Est-ce pour cela que les Roger contemporains aiment à repêcher une âme ou bien élever une femme jusqu'à eux ?

Ce prénom, très répandu parmi les jeunes générations de notre époque, ne possède pas encore, à l'heure actuelle, de grandes illustrations ; mais, c'est comme Robert, un des prénoms qui ont eu la préférence des mères depuis vingt ans ; l'avenir est tout neuf pour eux ; ils nous donneront certainement des hommes célèbres et glorieux.

Ce prénom de Roger comporte des qualités essentiellement viriles et qui font de ceux qui le portent des hommes sérieux, mesurés, modérés, pondérés, des hommes de parole, en qui l'on peut avoir toute confiance.

Ils ont de l'orgueil juste comme il faut pour être dignes, ils sont ambitieux, mais sans férocité. Ils ont du cœur et de la sensibilité. Ils sont rangés et soigneux, économes, presque intéressés quelquefois ; pourtant, l'argent chez eux ne prime pas tout ; ils ont des sentiments généreux ; ils se tiennent dans un juste milieu, entre les idées d'hier et celles de demain.

Ils aiment leur famille ; ils aiment aussi la vie tranquille et simple, plutôt que le faste et les honneurs ; ils se marient rarement par intérêt, mais presque toujours par amour. Ce sont des époux fidèles, des maris de tout repos, prévoyants, aimables et tendres ; leur enjouement contraste avec le fond essentiellement sérieux de leur caractère.

Ils ne sont pas que sentimentaux ; ils ajoutent à cela une très fine sensualité.

Talismans : rouge, géranium, cornaline.

Devise : Sans vertu rien de grand !

Hommes connus ainsi prénommés : Roger de Bussy, Roger de Beauvoir.

---

110. Roland

Il y a de la bravoure, de l'intrépidité, du courage

chevaleresque dans ce nom-là et ceux qui le portent héritent souvent de ces qualités non moins précieuses aujourd'hui qu'au temps de Charlemagne.

Ce sont des hommes ardents, enthousiastes, qui se précipitent sans crainte dans la mêlée sociale. Ils n'ont peur ni des horions, ni des rebuffades et finissent toujours par triompher.

Ils sont emportés, violents, mais leur colère n'est pas mauvaise.

Ils aiment la gaieté exHubérante, le bruit, le tapage.

Ils ont de la faconde et en usent ; ils gesticulent, se démènent. Ils ont une tendance à l'exagération.

Au demeurant, les meilleurs hommes du monde, mais susceptibles d'emballements, en amour comme en autre chose. Ils mêlent à leur goût pour les plaisirs des sens une sentimentalité fulgurante.

TALISMANS : rouge, ciguë, rubis.

DEVISE : Point ne me résiste !

HOMME CONNU AINSI PRÉNOMMÉ : Roland Bonaparte.

———

111. Sébastien

On ne donne pas assez ce prénom, il faut le regretter, car il confère une puissance de travail souvent prodigieuse, des aptitudes à s'élever soi-même, par ses propres moyens, sans appui d'aucune sorte.

Ceux qui le portent peuvent devenir de véritables génies créateurs, ils ont une richesse d'invention vraiment extraordinaire, un cerveau excessivement fécond, ouvert aux idées généreuses et larges. Ils sont presque toujours en avance sur leur époque et bravent l'opinion, à leurs risques et périls.

Ils ont un cœur pitoyable, qu'émeuvent les misères humaines, leur bourse est ouverte à tous ceux qui y font appel. Leur désintéressement est admirable.

Ils sont sensibles, tendres, affectueux, aimants. Ils goûtent aussi ardemment à la volupté de l'amour qu'à celle du travail. Ce sont des pères de famille prolifiques.

TALISMANS : blanc, hysope, rubis.

DEVISE : Travaille d'abord !

HOMMES CONNUS AINSI PRÉNOMMÉS : Vauban, Sébastien Bach, Sébastien Faure.

---

112. Stanislas

Ceux qui portent ce prénom sont entreprenants,

mais ils ne réussissent pas toujours à faire aboutir leur projet, parce qu'ils manquent de stabilité.

Leur existence est la plupart du temps assez agitée ; cela provient de l'indécision, de l'irrésolution qui les caractérise.

Ils sont inconstants dans leurs opinions ; ils se laissent trop souvent guider par leur intérêt.

Ils n'ont pas une individualité nette et définie.

Mais ils sont bienfaisants, généreux ; ils ont de l'amour-propre et même un orgueil déraisonnable. Leur vie s'achève paisiblement après le tumulte des années de jeunesse.

Ils sont sujets à la passion amoureuse et réussissent quelquefois grâce à des appuis féminins.

TALISMANS : pourpre, géranium, grenat.

DEVISE : Charité ne nuit jamais !

HOMME CONNU AINSI PRÉNOMMÉ : Stanislas Leczynski.

---

113. Sylvain

On doit aimer les champs et les forêts quand on se nomme Sylvain ; on doit aimer le grand air, l'espace, la vie libre, indépendante, sauvage même, sans joug d'aucune sorte.

Ceux qui le portent ont le goût des voyages ; les pays exotiques les attirent ; il leur faut du nouveau « n'en fût-il plus au monde » et ils iront le chercher bien loin.

Ils sont peu communicatifs ; ils ont la parole rare et concentrent en eux-mêmes l'activité de leur cerveau.

Leur intelligence est lente, mais solide et précise. Ils se plaisent dans la solitude et le recueillement.

Ils préfèrent souvent le célibat à la vie de famille. Leurs sens sont vite rassasiés.

Talismans : érable, vert tendre, malachite.

Devise : Parle peu !

---

114. Théodore

Ceux qui se nomment ainsi possèdent du sang-froid, de l'énergie, un courage à toute épreuve.

Ils sont avides, ambitieux, passionnés, doués d'une intelligence supérieure et d'une grande activité.

Ils aiment la vie et se dépensent, avec enthousiasme et sincérité.

Ce sont des travailleurs scrupuleux, honnêtes et habiles qui gardent leur individualité. Ils ont une personnalité puissante et savent se faire une place à part.

Ils ont le goût des honneurs et quand ils y parviennent, exercent leur puissance avec bonhomie.

Ils sont très sympathiques ; ce sont des idéalistes ; leurs sentiments ont des attaches profondes ; ils sont très voluptueux.

TALISMANS : pourpre, lobélia, chrysoprase.

DEVISE : Courage et vaillance !

HOMMES CONNUS AINSI PRÉNOMMÉS : Ballu, de Banville, Roosevelt, Géricault, Botrel.

115. Théophile

Ce prénom donne une nature féconde en idées, en sentiments, en gestes et en paroles, un enthousiasme débordant, qui se manifeste souvent par des originalités, des excentricités.

Les Théophile n'aiment pas à copier sur personne;

ils veulent être eux-mêmes et tiennent à leur personnalité.

La nature leur a alloué des dons brillants d'intelligence ; s'ils les dispersent souvent, ils savent aussi en faire leur profit et se tracer une ligne de conduite bien définie.

Ils ont l'esprit prompt, vif, agile, clairvoyant.

Ils ont le goût des choses rares et se créent une vie brillante, mais un peu factice. Ils posent... à ne pas poser !

Ce sont des amoureux passionnés, ardents, très sensuels.

Talismans : rouge vif, amaranthe, rubis.

Devise : Fais ce que veux !

Hommes connus ainsi prénommés : Delcassé, Théophile Gautier.

---

116. Thomas

Ce prénom confère un caractère bizarre, difficile à vivre, qui s'attache rarement.

Les Thomas aiment agir seuls et ne rien devoir aux autres.

Ils sont très fermes, sûrs d'eux et doués d'une grande force à se dominer.

La tête, chez eux, domine le cœur et les sens.

Ils peuvent résister aux plus fortes tentations, même à la volupté, quoique leurs sens ne soient pas sans appétit.

Ils sont tenaces dans leurs désirs ; ils ont une volonté de fer.

A la fois idéalistes et pratiques, ils sont aptes à réaliser des gains ; ils savent aussi les conserver.

TALISMANS : béryl, vert d'eau, nénuphar.

DEVISE : Volonté prime tout !

HOMME CONNU AINSI PRÉNOMMÉ : Gainsborough.

117. Urbain

Sous leur affabilité extérieure, leurs manières accueillantes, les Urbain ont l'esprit mordant et satirique.

Ils ont une langue qui déchire en voulant corriger.

Ils sont curieux, indiscrets ; ils aiment à s'occuper des affaires d'autrui.

Peu constants dans leurs opinions, ils se laissent guider par l'amour de l'argent, tout en affectant d'être désintéressés.

Ils sont prévoyants, économes ; ils amassent pour l'avenir.

Mais il ne faut pas trop compter sur leur générosité qui est plus précaires.

Très matérialistes, ils sont portés vers les plaisirs des sens.

TALISMANS : gris, lin, agathe.

DEVISE : Qui s'y frotte s'y pique !

HOMME CONNU AINSI PRÉNOMMÉ : Urbain Gohier.

━━━━━━━━━

118. Valentin

Ce prénom donne de la force morale, de la sincérité, mais de la sévérité et de l'intolérance.

Ceux qui le portent ont une volonté inflexible, un cœur dur qui ne s'apitoie pas facilement.

Ils sont justes, toutefois, ils voient les choses avec sang-froid et avec une étonnante perspicacité.

Très méthodiques, ils sont capables d'un travail acharné. Ils ont en tête peu de projets, mais bien définis et ils les poursuivent jusqu'à leur réalisation.

Il ne faut pas encourir leur ressentiment, car il est tenace ; ils ont l'esprit de vengeance et peuvent y apporter une froide cruauté.

Ils sont très sensuels, mais peu disposés à des coups de passion ; ils sont trop pratiques pour cela.

TALISMANS : chair, rose-thé, jade.

DEVISE : Je peux !

HOMME CONNU AINSI PRÉNOMMÉ : Valentin Haüy.

---

119. Victor

Prénom glorieux, prénom triomphant ; par son sens étymologique, il assure la victoire.

Il donne la fougue, l'orgueil, l'ambition, l'estime de soi, la vanité.

Ceux qui le portent ont d'eux-mêmes une opinion excellente ; ils sont idéalistes, sensibles, aimants, affectueux, mais pas toujours constants dans leurs sentiments.

Ils aiment le changement et sont souvent des maris déplorablement volages, par la faute de leur ardente soif de voluptés.

Ils ont la parole facile, abondante, séduisante.

Ils sont accessibles aux grands sentiments d'humanité. Ils sont généreux à la condition qu'on n'en abuse pas.

Leur intelligence est prompte, large, profonde ; ils ont une volonté opiniâtre et sont aptes à mener à bien de durs et vastes labeurs.

Ils sont d'excellents hommes d'affaires, avec cela ;

ils ne laissent échapper aucun profit. Ils savent aussi ne pas tout dépenser, malgré le besoin qu'ils ont des satisfactions de la vie. Il faut que l'existence leur soit bien ingrate pour qu'ils n'amassent pas un petit pécule.

Malgré leur inconstance, leur tempérament passionné, ils sont très attachés à leur famille et capables de se dévouer pour les leurs.

TALISMANS : rouge, laurier, rubis.

DEVISE : Toujours vaincre !

HOMMES CONNUS AINSI PRÉNOMMÉS : Victor Duruy, Cherbuliez, Victor Hugo, Victor Capoul.

120. Vincent

Ceux qui se nomment ainsi sont des hommes d'esprit, habiles, ingénieux, qui ont le défaut d'être flatteurs et de s'en servir pour réaliser leurs ambitions.

Ils sont élégants, maniérés ; la vie pour eux est une représentation continuelle et ils s'efforcent d'y faire belle figure.

Ils ont des prétentions au badinage, ce qui ne les empêche d'être mordants à l'occasion.

En présence des femmes, ils déploient cette galanterie, cette amabilité excessive, cet abus des compliments outrés qui plaît à beaucoup.

Dans les Villages, Vincent est un beau garçon qui fait tourner plus d'une cervelle ; il est jovial, fanfaron et porte fièrement les deux crocs de sa moustache.

Ils sont voluptueux et sensuels.

TALISMANS : armoise, bleu, émeraude.

DEVISE : Qui m'aime me suive !

HOMME CONNU AINSI PRÉNOMMÉ : Vincent Voiture.

121. Xavier

Les hommes qui sont ainsi prénommés sont doux, serviables, bons et hospitaliers.

Ils ont des manières simples, des goûts modestes, un extérieur sympathique et accueillant.

Ils ne manquent pas d'esprit ; ils sont gais, enjoués, primesautiers, très bons vivants, faciles, accommodants.

Ils goûtent aux joies de l'existence en véritables épicuriens, ne mettant de côté aucune jouissance de l'esprit ou de la chair.

Ils sont humains, généreux, dévoués. Ils n'ont pas d'orgueil, mais un profond amour-propre.

TALISMANS : jaune, chrysanthème, topaze.

DEVISE : Bien vivre !

HOMMES CONNUS AINSI PRÉNOMMÉS : Xavier Privas, Xavier Leroux.

124. Yves

Prénom qui confère du courage, de l'activité, tempérés par une certaine nonchalance corporelle.

Les hommes ainsi prénommés ont le goût de la solitude ; la mer les attire surtout, les fascine, ils aiment les voyages sur l'eau.

Ils sont hardis, intrépides, sous leur apparente langueur. Ils sont capables de braver tous les dangers.

D'une fidélité à toute épreuve, les liens du cœur, chez eux, sont indissolubles ; le temps ne peut les corrompre. Ils reviennent toujours à leurs premières amours.

Ils sont parfois capricieux, fantasques, ils font des coups de tête, mais qui ne tirent pas à conséquence.

De caractère sombre et renfermés, ils sont peu communicatifs.

Talismans : bleu, opale, thym.

Devise : Qu'importe l'obstacle !

Homme connu ainsi prénommé : Yves Mirande.

TABLE DES MATIÈRES

	Pages			Pages
1. Abel	1	29. Brice	27
2. Achille	2	30. Camille	28
3. Adolphe	2	31. Casimir	29
4. Adrien	3	32. Célestin	30
5. Agenor	4	33. Charles	31
6. Aimé	5	34. Christian	33
7. Alain	6	35. Claude	34
8. Albéric	7	36. Clément	35
9. Albert	8	37. Conrad	36
10. Alexandre	9	38. Constant	37
11. Alexis	11	39. Cyprien	38
12. Alfred	11	40. Daniel	39
13. Alphonse	13	41. David	40
14. Ambroise	14	42. Désiré	41
15. Amédée	14	43. Dominique	42
16. Anatole	15	44. Edgard	43
17. André	16	45. Edmond	44
18. Anselme	17	46. Edouard	45
19. Antoine	18	47. Emile	46
20. Aristide	19	48. Emmanuel	47
21. Armand	20	49. Ernest	48
22. Arsène	21	50. Etienne	49
23. Arthur	22	51. Eugène	50
24. Auguste	22	52. Eusèbe	52
25. Barthélemy	23	53. Félix	53
26. Benjamin	24	54. Ferdinand	54
27. Bernard	25	55. Fernand	55
28. Blaise	26	56. François	56

	Pages		Pag
57. Francis	57	90. Maurice	93
58. Frédéric	58	91. Maxime	94
59. Gabriel	59	92. Maximilien	94
60. Gaston	60	93. Max	94
61. Georges	61	94. Michel	95
62. Gérard	62	95. Nicolas	96
63. Germain	63	96. Octave	97
64. Gilbert	64	97 Oscar	97
65. Gontran	65	98. Paul	98
66. Grégoire	66	99. Philippe	100
67. Guillaume. — Guy	67	100. Pierre	101
68. Gustave	68	101. Prosper	103
69. Hector	69	102. Raoul	104
70. Henri	70	103. Raymond	105
71. Hippolyte	72	104. Rémy	106
72. Honoré	73	105. René	107
73. Hugues	74	106. Richard	108
74. Isidore	74	107. Robert	109
75. Jacques	75	108. Rodolphe	110
76. Jean	77	109. Roger	111
77. Joseph	79	110. Roland	112
78. Jules-Julien	80	111. Sébastien	113
79. Laurent	82	112. Stanislas	114
80. Léon	82	113. Sylvain	115
81. Léopold	83	114. Théodore	116
82. Lionel	84	115. Théophile	117
83. Louis	85	116. Thomas	118
84. Lucien	87	117. Urbain	119
85. Ludovic	88	118. Valentin	120
86. Marc	89	119. Victor	121
87. Marcel	90	120. Vincent	122
88. Marcelin	91	121. Xavier	123
89. Marie	92	122. Yves	124